Diário de Bollywood

BIBLIOTECA FUNDAMENTAL DE CINEMA

Dados Internacionais de Catalogação na Publicação (CIP)
(Câmara Brasileira do Livro, SP, Brasil)

Ballerini, Franthiesco
Diário de Bollywood: curiosidades e segredos da maior indústria de cinema do mundo / Franthiesco Ballerini. - São Paulo: Summus, 2009. - (Biblioteca fundamental de cinema; 2 / direção: Francisco Ramalho Jr.)

Bibliografia.
ISBN 978-85-323-0537-4

1. Cinema 2. Cinema - Produção e direção 3. Festivais de cinema 4. Filmes cinematográficos 5. Gêneros cinematográficos 6. Indústria cinematográfica I. Ramalho Junior, Francisco. II. Título. III. Série.

09-02372 CDD-791.43

Índice para catálogo sistemático:
1. Cinema : Arte 791.43

Diário de Bollywood

Curiosidades e segredos da maior indústria de cinema do mundo

FRANTHIESCO BALLERINI

summus
editorial

DIÁRIO DE BOLLYWOOD
curiosidades e segredos da maior indústria de cinema do mundo

Editora executiva: **Soraia Bini Cury**
Editoras assistentes: **Andressa Bezerra e Bibiana Leme**
Capa, projeto gráfico e diagramação: **Gabrielly Silva**
Fotografia da capa: **Akhtar Soomro/epa/Corbis**

BIBLIOTECA FUNDAMENTAL DE CINEMA - 2
Direção: Francisco Ramalho Jr.

Summus Editorial
Departamento editorial:
Rua Itapicuru, 613 – 7º andar
05006-000 – São Paulo – SP
Fone: (11) 3872-3322
Fax: (11) 3872-7476
http://www.summus.com.br
e-mail: summus@summus.com.br

Atendimento ao consumidor:
Summus Editorial
Fone: (11) 3865-9890

Vendas por atacado:
Fone: (11) 3873-8638
Fax: (11) 3873-7085
e-mail: vendas@summus.com.br

Impresso no Brasil

sumário

Agradecimentos

À minha mulher, Ana Lúcia Tsutsui, por ter apoiado minha empreitada à Índia logo após nosso casamento e por sempre ter compreendido a importância deste projeto.

Aos meus pais, irmã e familiares, pelas palavras encorajadoras, essenciais para um projeto como este.

A Ram Devineni, por ter acreditado no projeto desde nosso primeiro encontro em São Paulo, por ter sido meu guia na Índia e me ajudado a ter acesso aos fantásticos entrevistados.

Ao Grupo Estado e à Editora Abril, pela generosidade no espaço dedicado à reportagem.

A Deus, aqui manifestado na forma de Brahma, Vishnu e Shiva, pela força e determinação recebidas na saída do Brasil rumo à Índia até a publicação deste livro.

Introdução

Jornalistas estão acostumados a receber centenas de *releases* eletrônicos todos os dias. A leitura desse material, obviamente, é tão rápida quanto um clique, sendo jogados na lixeira inúmeros produtos culturais dispensáveis e, às vezes, alguns raros eventos que poderiam gerar boas ideias e virar grandes reportagens.

Foi depois de ler um desses e-mails (que quase foi parar na lixeira) que tive a ideia de desvendar o mundo de Bollywood. O texto, anunciando um festival de cinema indiano, revelava que essa era a maior indústria de cinema do mundo. Curioso, fui pesquisar sobre o assunto e descobri que a afirmação "pode" ser correta. "Pode" porque deve ser interpretada de dois pontos de vista, às vezes distintos. Imaginemos que Bollywood e Hollywood sejam fábricas de cadeiras. A grande diferença entre ambas é que Hollywood vende menos cadeiras, mas por um preço muito mais alto, obtendo grande lucro por unidade. Já Bollywood produz e vende o maior número de cadeiras do mundo. Mas, embora elas sejam usadas por bilhões de pessoas, cada uma separadamente gera poucos lucros ao produtor, com algumas exceções. Portanto, no que se refere à produção em massa, Bollywood é a maior indústria do mundo. Quando falamos em faturamento, porém, o troféu vai para Hollywood.

Saindo das cadeiras e voltando aos filmes, o fato é que Bollywood produz cerca de mil títulos anuais; Hollywood, bem menos da metade disso. Evidentemente, os números variam de ano a ano, mas é possível afirmar que o cinema indiano tem produzido quase o triplo de filmes em comparação com os Estados Unidos.

Quando cito Bollywood, quero dizer a indústria do cinema indiano como um todo. Mas é bom ressaltar que é um erro monumental fazer essa afirmação dentro da Índia. Isso porque – como veremos nos próximos capítulos – Bollywood representa apenas a produção relativa à região de Mumbai (antiga Bombaim). No entanto, por conta da recente internacionalização do cinema indiano, nenhum produtor ou diretor tem coragem de exportar seu filme ignorando o termo Bollywood, já tão associado ao cinema indiano que virou uma referência direta à produção total da Índia. O mesmo pensamento pode ser aplicado a Hollywood, já que nem todos os filmes ditos hollywoodianos são produzidos em Los Angeles ou mesmo nos Estados Unidos. Aliás, é importante lembrar que o termo *Bollywood* tem ligação direta com o próprio cinema de Hollywood, uma vez que surgiu por volta dos anos 1930, quando a prática de adaptar e copiar roteiros dos clássicos de Hollywood se tornou comum no cinema produzido em Bombaim, capital cujo nome ajudou a batizar a indústria cinematográfica local.

Mas voltemos à curiosidade despertada pelo tal *release*. Como todo jornalista, não fiquei satisfeito em descobrir apenas que Bollywood é a maior indústria de cinema do mundo. Comecei a questionar como um país subdesenvolvido conseguia ter esse privilégio, ao passo que nem países desenvolvidos como França, Alemanha e Canadá conseguem manter a indústria do cinema sem parcerias internacionais e, principalmente, sem ajuda do governo. O que me instigava também era o fato de tal produção ainda ser praticamente desconhecida em alguns países do Ocidente e, mesmo assim, manter-se no topo em número de lançamentos. Como isso era possível, já que Hollywood precisava estender seus tentáculos até os confins do planeta para manter seu poderio no cinema?

Por fim, como todo jornalista cultural, tive sede de saber e quis descobrir mais detalhes sobre os aspectos culturais dessa produção. Seria ela tão diferente do cinema ocidental a que estamos habituados? Que aspectos religiosos, sociais, econômicos, culturais e políticos da Índia são retratados nas telas? Faltavam-me livros, faltavam-me filmes. Mas, acima de tudo, faltava uma coisa: conhecer Bollywood de perto.

Algumas semanas depois de ler o *release*, numa dessas felizes oportunidades, conheci Ram Devineni na Academia Internacional de Cinema, em São Paulo. Alto, bonachão e simpático, Ram pouco lembrava a imagem que eu tinha de um indiano, exceto pelo biótipo. Isso porque ele se mudou com a família para Nova York quando era pequeno, nos anos 1970. Apesar de ter sido criado na cultura norte-americana, Ram não esqueceu das raízes indianas e, embora estivesse trabalhando com informática num grande banco, resolveu encarar a missão de tentar internacionalizar Bollywood, começando pelo Brasil.

Era a oportunidade perfeita para aliar interesses em comum. E não demorou muito para começarmos a organizar nossa viagem rumo à Índia. Como Ram carrega o sobrenome de uma importante família produtora de cinema naquele país, as portas começaram a se abrir mais rápido do que imaginávamos e, alguns meses depois, tínhamos em mãos uma agenda de encontros e entrevistas que incluía os mais importantes nomes na área de direção, produção, direção musical e atuação, além de empresários do mundo cinematográfico bollywoodiano.

A expectativa para a viagem era grande, e tudo já estava planejado e organizado em meados de 2007. Mas ela só aconteceria em janeiro do ano seguinte, sendo que, no meio disso, havia um casamento – o meu casamento. Por uns meses, engavetei Bollywood a fim de concretizar esse outro sonho. E, quando ele aconteceu, em setembro, voltei minha atenção para os preparativos daquela que seria a maior reportagem da minha carreira jornalística.

Pouco depois do ano-novo, embarquei para Mumbai carregando muitas perguntas na mala. Mas, ao contrário das roupas, sapatos e livros, elas não pesavam. Pelo contrário, me faziam ir adiante com grande entusiasmo.

No momento em que a porta do avião se abriu em Mumbai, me dei conta de que aquilo seria uma experiência cultural das mais radicais. E o primeiro sentido que fez essa ficha cair foi o olfato. “Meu Deus, como esta terra cheira diferente”, pensei, descendo as escadas do avião e pisando em solo indiano. Na saída do aeroporto, outro sentido despertado: a visão. Mumbai é a maior cidade da Índia e uma das seis cidades mais populosas do mundo. Nada surpreendente para um país com cerca de 1,2 bilhão de habitantes, quase um sexto de toda a população do planeta, mas com uma área territorial que corresponde a 40% do território brasileiro. No entanto, *ver isso* é diferente de *saber disso*. Era pouco mais de uma hora da madrugada e, ainda assim, uma pequena multidão se aglomerava na frente do aeroporto, esperando por pessoas no desembarque.

E, mesmo de madrugada, as ruas ainda estavam repletas dos famosos riquixás. A palavra denomina uma carroça puxada por uma ou mais pessoas, mas na Índia ela também é usada para descrever os pequenos táxis de três rodas, ágeis e barulhentos. Nas ruas, também se notava outro contraste: as dezenas de vacas, algumas andando no meio das vias – e cuidadosamente evitadas pelos carros, já que são animais sagrados segundo o hinduísmo. Por fim, outro sentido despertado, a audição, com o barulho das buzinas dos riquixás – buzinar faz parte da cultura indiana e, mesmo numa rua vazia, os motoristas buzinam sem parar. Não demorou muito para o paladar também sentir o choque cultural, com os temperos fortes que compõem a culinária indiana, predominando sabores de ervas como o coentro, o alecrim e, é claro, o *curry*, molho-mãe de grande parte dos pratos do país.

As experiências sensoriais foram dando espaço, aos poucos, às experiências culturais. Com o auxílio de Ram Devineni, elaborei uma agenda de encontros e entrevistas que preencheriam mais de duas semanas com interessantes descobertas sobre as particularidades culturais de um cinema que eu jamais havia imaginado conhecer.

Eu sentia que não tinha muito tempo disponível para conhecer todos os aspectos do cinema de Bollywood. Não pela falta de dias, mas pela logística complexa que envolvia o ato de circular pela cidade de Mumbai. Se você está lendo estas páginas numa grande capital, como São Paulo, Recife, Belo Horizonte ou Rio de Janeiro, acredite: nenhum congestionamento brasileiro se compara com o trânsito de Mumbai. Grande parte da cidade se encontra numa espécie de ilha (na verdade, são sete no total), rodeada de água do mar e de diversos canais. A ação dos terremotos leva a essa geografia entrecortada, dificultando a circulação na metrópole. Mas isso não é o maior problema. O crescimento desordenado da cidade, em meados do século XX, não garantiu a infraestrutura necessária para suportar tanta gente – cerca de vinte milhões de habitantes – em um espaço tão reduzido. Em ruas estreitas, dividem espaço riquixás, carros, ônibus, táxis comuns, motos, pedestres e, claro, vacas. Por fim, não é costume da cidade usar nomes para ruas e números para estabelecimentos comerciais e casas. Em outras palavras, levávamos cerca de duas horas e meia para chegar às proximidades de um entrevistado e outra hora para localizar

Jabbar Patel, diretor do Pune International Film Festival (Piff) e Franthiesco Ballerini.
Foto: Ram Devineni/Divulgação

com exatidão seu endereço, já que os taxistas paravam a cada cinco minutos para tirar dúvidas ou fazer-nos conversar com outra pessoa que entendia melhor a língua inglesa. Porém, ao término de cada entrevista, eu descobria que todo aquele transtorno havia valido a pena e voltava para o hotel cansado mas satisfeito e pronto para o dia seguinte.

Proponho, neste livro, uma viagem para um universo cinematográfico praticamente desconhecido no Brasil. Por isso, narro as experiências que tive do outro lado do mundo como num diário, no qual a cada dia-capítulo o leitor encaixa mais um pedaço no grande mosaico que é o cinema bollywoodiano. Assim, comecei a jornada procurando encontrar profissionais que me explicassem os segredos de ser um produtor de cinema num país que entrega mil filmes por ano. Tão importante quanto isso era conhecer, logo em seguida, o esquema de trabalho dos diretores e descobrir quem são os grandes cineastas da Índia. Por sorte, consegui participar do Festival Internacional de Cinema de Puna, onde encontrei e conversei com uma lenda viva do cinema indiano, o diretor Shyam Benegal, dono de um forte estilo autoral e contestador.

A Índia venera seus atores como se fossem deuses. Por isso, alguns dos dias mais fascinantes da viagem se deram quando conhecemos o universo desses atores-deuses. Novamente por sorte, tivemos acesso às filmagens de um novo trabalho de Shahrukh Khan, considerado hoje o maior astro do cinema indiano. Esses astros atuam de forma bastante particular, e algumas visitas a escolas de atuação, dança e canto me fizeram entender o que para grande parte dos ocidentais é algo inusitado, às vezes cômico: a atuação de um indiano.

Nos dias seguintes, fui atrás da resposta a outra questão intrigante: por que praticamente todos os filmes indianos têm música e dança do início ao fim? Compositores, músicos, técnicos de som e especialistas da área me ajudaram a desvendar esse mistério. Em seguida, especialistas de Bollywood me receberam em casa para a discussão de outro tema, esse bastante polêmico: a censura. Simpático e atencioso, o escritor Derek Bose foi quem melhor me explicou por que a maior democracia do planeta ainda mantém uma forte censura em relação ao cinema. Entre um gole de *chai* (chá com leite levemente picante) e um prato da culinária indiana preparado por sua simpática esposa, descobri fatos inimagináveis da indústria de cinema da Índia.

Eu já havia passado duas semanas naquelas terras tão distantes e estava encantado com a hospitalidade do povo indiano, sempre disposto a nos ajudar no caos das ruas de Mumbai. Ao mesmo tempo, sentia-me perplexo diante de tanta pobreza nas ruas, fosse em Mumbai, Puna, Nova Déli, em qualquer cidade. Um povo que necessita de tudo e com urgência.

Nos últimos dias, conseguimos encontrar respostas para outras questões intrigantes que circulam em torno do cinema. O *boom* dos canais de televisão e a pirataria parecem estar prestes a ameaçar a marca dos mil filmes por ano. Outra ameaça, esta capaz de trazer benefícios, é a invasão de distribuidoras estrangeiras, sedentas por um público que representa um sexto da população do planeta e num país crescendo economicamente a passos largos. Por fim, igualmente intrigante é o tratamento que a imprensa local dá ao cinema e a seus astros, com um enfoque muito grande nas fofocas sobre sua vida pessoal, gerando uma cobertura no mínimo interessante de analisar.

No final de janeiro, retornei ao Brasil com o coração cheio de saudade daquele povo e daquela cultura, mas também com muito material jornalístico na bagagem, o que significava trabalho exaustivo para transformar tudo aquilo em reportagens. Durante uma semana, o resultado dessa investigação surgiu em forma de reportagens especiais no *Jornal da Tarde* e em *O Estado de S. Paulo*. Posteriormente, a riqueza do material ainda permitiu a publicação de uma matéria na revista *Bravo!* e diversos convites para entrevistas, debates e palestras.

Mas as páginas de jornais e revistas não foram suficientes para mostrar todas as histórias fantásticas que descobri na Índia, bem como todos os segredos dessa indústria cinematográfica fascinante. Um livro era inevitável, ainda mais levando em consideração que a América Latina pouco conhece Bollywood.

Dessa forma, este livro se propõe não só explorar com profundidade a riqueza do material colhido *in loco*, mas também refletir sobre a indústria cinematográfica como um todo, traçando sempre que possível um paralelo – ou uma transversal – entre Bollywood e sua prima rica, Hollywood. Mais do que isso, colocar uma lente de aumento sobre a máquina bollywoodiana para que se entenda também o cinema praticado na América Latina.

Acredito com total convicção que entrar em contato com a história de Bollywood traz dois efeitos igualmente benéficos para o cinema latino-americano. Conhecer seus pontos fortes – como a forma pela qual os indianos sustentam a produção em grande escala e principalmente com filmes nacionais, não de Hollywood – pode nos trazer ideias inspiradoras que levem à evolução do nosso cinema como indústria e produto cultural. Conhecer seus pontos fracos – como a falta de originalidade dos roteiros e a censura – ajuda-nos a valorizar nossos diretores, ganhadores dos maiores festivais internacionais de cinema, e a liberdade artística conquistada após a ditadura militar iniciada em 1964. Em suma, mergulhar na realidade da maior indústria de cinema do mundo é conhecer o nosso cinema e colaborar para a sua evolução.

Que essa jornada de vinte dias – transformada em oito capítulos – desperte emoções e surpresas tão fortes quanto as que eu vivenciei ao enveredar por esse caminho.

Boa leitura.

1º, 2º e 3º dia

Os generais de Bollywood

Diretores contam a história, atores a encenam. Mas quem transforma o sonho do diretor e a atuação do elenco em realidade é o produtor, aquela figura que causa, em toda a equipe, sentimentos que variam entre a alegria, o êxtase, a raiva e a frustração. Em uma indústria que fabrica tantos filmes quanto a de Bollywood, o produtor me parecia ser, no mínimo, imprescindível para o funcionamento da máquina.

Por isso, nos primeiros dias em Mumbai, quis descobrir quais eram as tarefas e a importância de um produtor de cinema em Bollywood. Será que era dele o mérito da volumosa produção cinematográfica da Índia? Quem são e de onde vêm os produtores, ou seja, qual é a formação deles? Quais são os maiores obstáculos que um produtor de cinema enfrenta na Índia? Essas e muitas outras perguntas precisavam ser respondidas logo de início, para que se pudesse constituir um panorama do cinema produzido em Bollywood.

Tive a sorte de conseguir um espaço na agenda de um dos mais importantes executivos do entretenimento indiano: Amit Khanna, diretor executivo da Reliance Entertainment, braço da Reliance, uma das maiores empresas asiáticas da atualidade e o maior conglomerado de entretenimento da Índia. Seu crescimento tem sido tão grande que a Reliance já controla inclusive uma parte das salas de cinema dos Estados Unidos – alguns meses depois, deparei novamente com Khanna no restaurante de um hotel em Los Angeles, onde o empresário participava de um encontro de negócios com altos executivos de Hollywood.

O fato de Amit Khanna ter aceitado se encontrar comigo era um sinal claro de suas intenções de expandir a empresa também pela América Latina. O encontro aconteceu no Marriott de Mumbai, o hotel mais luxuoso da cidade.

Amit Khanna (no fundo à esquerda), diretor executivo da Reliance Entertainment, maior conglomerado de entretenimento da Índia.
Foto: Franthiesco Ballerini

Ao lado de um executivo da empresa e de um BlackBerry – para o qual ele olhava a cada cinco minutos para checar e-mails, quando não para atender ligações –, Khanna dispensou o economês e me explicou de forma simples como Bollywood nasceu e se sustentou até pouco tempo atrás.

Assim ele me explicou: nos primórdios da indústria, no início do século XX, havia cidadãos sem nenhuma ligação com arte e cultura, muito menos com cinema, que resolviam fazer longas-metragens. Nesse caso, o indivíduo recorria a um empréstimo – na maioria dos casos, no mercado negro – e conseguia determinado valor. Desse valor, usava apenas metade para produzir seu filme, a outra parte servia para pagar os juros do empréstimo e outros encargos. Como naqueles tempos o cinema era a única forma de entretenimento da população indiana, o filme desse cidadão invariavelmente enchia as salas de cinema e, mesmo com ingressos a preços irrisórios, ele conseguia o dinheiro para pagar o empréstimo e ainda lucrava com o filme. Nascia, então, um produtor cinematográfico que emendava um filme em outro – muitas vezes fazia dois ou três ao mesmo tempo –, e sua experiência era passada para as próximas gerações de sua família. Considerando o tamanho da população indiana, não é difícil imaginar centenas de famílias como a desse indivíduo passando a tradição de geração para geração. Espalhados pelo país, esses cidadãos produziam diversos tipos de cinema, que, ao olhar estrangeiro, foram identificados com um só nome: Bollywood.

Mas era o dinheiro sujo que bancava grande parte da produção indiana. Fazendeiros, corretores, políticos falidos, todo tipo de gente que tivesse uma quantidade de dinheiro que não pudesse ser contabilizada aplicava-a em Bollywood. Chegavam ao local das filmagens com uma mala cheia de dinheiro e, se o filme fosse um sucesso, ganhavam status na sociedade. Se fosse um fracasso, pelo menos conseguiam a lavagem de parte da grana ilícita. O mais interessante é que, nesses sets de filmagem, atores, diretores e técnicos eram todos pagos com dinheiro vivo. Só assim se explicava o fato de tantos diretores sem um só sucesso na carreira continuarem a dirigir filmes. Emprego era o que não faltava, e esses diretores em geral tinham uma boa casa, além de carro e motorista.

Havia também a figura do produtor que nem chegava a produzir filmes. Ele se encontrava num quarto de hotel com algumas estrelas do cinema e, em troca de suas assinaturas num suposto contrato para uma grande produção, oferecia uma festinha particular e ainda pagava pela presença dos astros. Só que, no dia seguinte, ninguém mais conseguia encontrar o produtor, que rodava o país mostrando o falso contrato e arrecadando milhões de rupias com outros produtores e empresas.

Aliás, antes de irmos adiante, vale aqui uma explicação sobre o termo *Bollywood*. Sua criação é bastante discutível e há diversos cineastas e produtores que alegam tê-lo usado primeiro. O fato é que o termo surgiu por volta dos anos 1970, sob a influência da palavra *Tollywood*, que o *Journal of the Bengal Motion Pictures Association* usava nos anos 1930 para descrever o cinema ocidentalizado produzido pela empresa Calcutta's Tollygunge Studios. Com evidente inspiração na produção de Hollywood, antes de Bollywood ainda surgiram as palavras: *Mollywood*, para designar os filmes produzidos na região de Madras; *Lollywood*, para os filmes produzidos em Lahore; e *Kollywood*, para a produção de Karachi. Mas, como a produção de Mumbai (antiga Bombaim, de onde deriva o termo *Bollywood*) era muito mais expressiva em número de lançamentos e bilheteria internacional, o nome *Bollywood* se firmou no exterior, acabando por designar todos os vários núcleos de produção da Índia. Apenas como curiosidade: há alguns anos surgiu mais um termo, *Nollywood*, usado para descrever a crescente produção cinematográfica da Nigéria.

No entanto, apesar do impressionante número de mil lançamentos por ano, Bollywood coleciona poucos troféus. Detém menos de 5% do *market share* mundial, em parte porque mantém os ingressos ainda muito baratos – custam, em média, quinze rupias, o que dá menos de quarenta centavos de dólar. Enquanto um *blockbuster* indiano consegue distribuir até setecentas cópias na Índia e em países consumidores desse tipo de filme (países vizinhos, Estados Unidos, Alemanha e Inglaterra), um *blockbuster* norte-americano, por sua vez, chega a ter catorze mil cópias, fato que explica a fortuna que Hollywood consegue com seus grandes sucessos. Como o ingresso na Índia é muito barato, não raro os produtores preferem enviar uma quantidade maior de cópias para o exterior, pois lá se faz até quarenta vezes mais dinheiro do que com as cópias individuais na Índia.

Nessa equação, os espectadores indianos que moram em outros países vêm ganhando um peso cada vez maior, especialmente porque os ingressos vendidos no exterior são muito mais caros, garantindo um retorno maior aos produtores. As três diásporas indianas mais importantes para Bollywood estão relacionadas com os seguintes locais: 1) Estados Unidos, Grã-Bretanha, África do Sul e Oriente Médio; 2) países vizinhos em que se fala ou entende híndi, como Paquistão, Nepal, Bangladesh, Sri Lanka e Malásia, onde o sucesso dos filmes ocorre, em grande parte, graças à popularidade dos atores; 3) novos mercados como a Grécia e países da Europa Oriental.

Porém, o que sustenta a indústria de cinema indiano é uma característica que a faz praticamente única no planeta, sendo também a razão que torna Bollywood a maior produtora de cinema do mundo. Durante praticamente todo o século XX, a única forma de entretenimento da população indiana foi o cinema. Espetáculos teatrais não eram comuns no país, e shows menos ainda – até hoje a Índia não faz parte do circuito de grandes festivais e shows de artistas internacionais de peso, como Madonna, U2 e Paul McCartney. A televisão, por sua vez, só começou a se desenvolver no final do século (assunto que será aprofundado no capítulo “Invasões bárbaras”). Portanto, com o esquema de produção explicado, aliado à constatação do número estrondoso de salas de cinema, com capacidade para até três mil pessoas, não é difícil entender como os produtores conseguem cobrar poucas rupias e ainda lucrar com seus filmes, mesmo no caso daquelas produções malfeitas em termos técnicos, de roteiro e atuação – que ainda são maioria na Índia.

Outro fator de extrema importância para a manutenção da indústria cinematográfica indiana diz respeito à cultura. Enquanto muitos dos países latino-americanos consomem com avidez os produtos vindos de Hollywood, pode-se dizer que o indiano quer ver indianos. É simples assim: independentemente de sua classe social, os indianos, na grande maioria, preferem se divertir com dramas, suspenses, programas de TV, comédias e musicais estrelados por gente com sua cultura, sua cor e seus costumes. Imagine como seria diferente a “indústria” de cinema latino-americana se também houvesse esse hábito cultural por aqui. É evidente que esse traço de Bollywood existe em parte graças ao que foi explicitado há pouco, ou seja, ao fato de, durante décadas, o produto nacional ter sido a única opção de entretenimento. De qualquer forma, por mais negativo que esse isolamento cultural seja, ele trouxe ao menos um benefício, que é o cultivo e o florescimento do hábito de prestigiar produtos feitos em casa, que falam do povo para o próprio povo.

Isso explica, em grande parte, o fato de a Índia ser um dos poucos países que até hoje resistem à invasão do cinema hollywoodiano. Hollywood representa menos de 10% do *market share* do país, o índice mais baixo de todo o planeta. Muito abaixo de países como França, Alemanha, China e Inglaterra, que têm produções de prestígio internacional, mas precisam do auxílio do governo – em forma de benefícios fiscais e, principalmente, restrição e/ou taxação de filmes estrangeiros – para sobreviver. Ao contrário, o governo indiano nunca impôs restrições aos filmes de Hollywood para manter a alta taxa de produção de filmes nacionais, o que ocorreu tanto pelo desleixo com que tratou Bollywood até o final do século XX quanto por esse tipo de procedimento ser desnecessário.

Para ser mais exato historicamente, houve momentos em que a intervenção governamental de fato ocorreu, mas não por o cinema indiano estar em crise. Por exemplo: nos anos 1970, o governo de Indira Gandhi tentou limitar a exibição de filmes de Hollywood nas grandes metrópoles. Nelas, havia nichos com salas de cinema mais limpas e sofisticadas, destinadas às classes média e alta, onde praticamente só eram exibidos filmes estrangeiros. Essas salas tiveram de, abruptamente, preencher o vazio com filmes indianos. A solução foi exibir filmes de diretores com um tom mais autoral, como Shyam Benegal, constituindo o que era conhecido como cinema paralelo. Apesar de negativamente restritivas, as salas de cinema começaram a ser frequentadas por classes economicamente altas e por intelectuais, que não tinham opção a não ser ver filmes de seu próprio país. Isso foi crucial para que as próximas gerações não mais sentissem vergonha de ir ao cinema para ver um filme indiano. Forçou também as salas a melhorarem seu aspecto físico – até então, grande parte delas era degradante, com acúmulo de lixo, mau cheiro e banheiros em péssimas condições. O debate sobre a restrição dos filmes estrangeiros na Índia veio a reboque. Os intelectuais também discutiam o hábito de copiar os roteiros de Hollywood e adaptá-los à realidade indiana. Como veremos nos próximos capítulos, o resultado desse debate foi em parte positivo e em parte negativo: prevaleceu a permanência de um número maior de filmes indianos produzidos e vistos nas salas de cinema, mas ao mesmo tempo continuou a prática de se inspirar em roteiros de Bollywood e até copiá-los.

A clientela dos cinemas multiplex localizados em shoppings vem crescendo em um ritmo alucinante, porém ainda predominam na Índia, especialmente nas pequenas cidades, as grandes salas de teatro, em geral no coração de bairros paupérrimos, que, apesar de projeções capengas, falta de higiene e de lavatórios, atraem espectadores que as lotam. Para se ter uma ideia, enquanto as classes média e alta da Índia assistem a algo em torno de 4 a 7 filmes ao ano, a classe mais baixa, que frequenta essas salas gigantes, assiste a uma média de 25 a 30 filmes no mesmo período.

Isso transforma a figura do produtor na de um grande general do cinema bollywoodiano. Com forte poder de atração de público em suas mãos, os produtores se envolvem em três ou quatro filmes ao mesmo tempo. Dados oficiais indianos estimam que a produção anual seja de oitocentos a mil filmes – três vezes maior que a de Hollywood. O problema é que os dados oficiais não dão conta dos filmes feitos em cidades pequenas e vilarejos nem daquela produção que intencionalmente foge da censura. Assim, alguns estudiosos de Bollywood calculam que a produção cinematográfica indiana possa chegar ao número de 2.400 filmes por ano. Evidentemente, nessa estimativa constam também as dezenas de filmes que são interrompidos na metade ou logo no início. E, de toda essa massa cinematográfica, no máximo dez filmes acabam virando *blockbusters*. A produção de Bollywood gira em torno de duzentos filmes por ano, todos falados em híndi; mas, como todo filme produzido na Índia costuma ser classificado, fora do país, como bollywoodiano, essa indústria é tida como a maior do mundo, englobando toda a produção nacional.

Uma produção anual tão grande cria também uma enorme pressão sobre as ações de marketing de cada filme. O cineasta Shyam Benegal me explicou, em poucas palavras, o que isso significa: "Marketing cinematográfico na Índia é crucial. E, com o advento das novas tecnologias, passou a ser vital. Se você faz um filme, seja qual for, deve divulgá-lo nos quatro cantos da região onde quer exibi-lo. Em Bollywood, quase não há tempo para o boca-a-boca. Quando um espectador falar a um amigo sobre um filme, este já terá saído das telas. Dessa forma, todos devem ser conquistados pela propaganda".

Na Índia, na maioria das vezes, os produtores e distribuidores trabalham às cegas. Além das barreiras culturais internas, produtores e distribuidores precisam construir uma campanha de marketing com potencial para atingir bilionários e miseráveis ao mesmo tempo. Só nos últimos anos as estratégias começaram a se fragmentar segundo públicos específicos. Outro desafio dos produtores é lidar com os aspectos burocráticos das campanhas. Se a iniciativa envolver algo mais que um outdoor, como um evento ao ar livre ou em um lugar fechado que reúna grande quantidade de pessoas, os produtores precisarão conseguir até vinte permissões diferentes dos governos federal, estadual e municipal.

No início do século XX, os produtores se envolviam em cerca de doze filmes por ano, cuja produção durava em média seis semanas por filme. Em Mumbai, vinte mil rupias representavam o orçamento médio de uma produção por volta dos anos 1930. Em Calcutá e Madras o valor era um pouco menor. Os atores costumavam ganhar de trinta a mil rupias por mês, e apenas as grandes estrelas recebiam mais do que mil rupias.

Os produtores não costumavam dar muita atenção ao que o público queria ver nos cinemas. Eles simplesmente partiam do princípio de que sabiam o que era e davam início às filmagens. A bem da verdade, ao contrário do que acontecia nos Estados Unidos, na Índia quando a estreia de um filme era adiada o espectador simplesmente escolhia outro para ver, pois a grande massa frequentadora das salas gigantescas só queria uma forma de entretenimento. O cineasta Shyam Benegal me disse, na rápida entrevista feita após a abertura do Festival Internacional de Cinema de Puna, que a grande diferença entre a figura do produtor em Bollywood e em Hollywood é que, na Índia, os produtores foram durante muito tempo pessoas ricas que não contavam com nenhuma experiência em cinema. Especuladores, fazendeiros, comerciantes, todos eles viravam produtores de cinema. Em Hollywood, a figura do produtor sempre foi a peça-chave da cadeia, responsável por, nos estúdios, contratar atores, diretores e roteiristas, com base em seu conhecimento sobre aquilo em que estava investindo.

Os produtores também têm de lidar, até hoje, com um grande desafio cultural: enquanto os Estados Unidos têm acesso fácil e liberado ao mercado não só nacional quanto do resto do mundo, que atualmente fala inglês e consome produtos nessa língua, na Índia todo filme de Bollywood precisa ter a pretensão de agradar às diferentes línguas e culturas existentes no país. Há seis macrorregiões indianas: Mumbai (que inclui Maharashtra, Gujarat e Karnataka), Déli (que cobre Uttar Pradesh, Uttaranchal e a própria capital), Leste de Punjab (incluindo Punjab, Haryana, Jammu e Kashmir), Circuito Leste (englobando Bengala Ocidental, Bihar, Jharkhand, Nepal, Orissa e Assam), Rajasthan (que inclui também Chhattisgarh, Madhya Pradesh e o nordeste de Maharashtra) e o Sul, com diversos subterritórios.

Para se ter uma ideia, até hoje os produtores de Bollywood (Mumbai) não conseguiram penetrar em parte do norte e nordeste do país, principalmente por questões logísticas e conflitos políticos. O ponto mais distante que um filme bollywoodiano atinge dentro da Índia é a cidade de Assam. Mesmo assim, como o híndi é a língua que une o país – embora nem todos o utilizem –, os filmes de Bollywood ainda detêm 40% do *market share* nacional anualmente.

A cultura fragmentada explica, também, o esquema de produção que imperou na Índia, baseado na produção familiar ou de pequenos núcleos, em vez de em grandes estúdios. Nenhuma indústria é tão fragmentada no país quanto a do entretenimento. Grandes produtores e produtores caseiros competem pelo mesmo mercado, mas cerca de 90% dos filmes ainda são feitos por pequenos produtores, com modestos orçamentos que vão de vinte milhões a cem milhões de rupias indianas. A grande maioria dos filmes torna-se um fracasso, mas a produção continua. E, apesar do fiasco, esses pequenos produtores têm um valor inestimável no que concerne à empregabilidade e à possibilidade de estabelecer um laboratório para os atores, roteiristas e diretores iniciantes. E, mesmo sendo fracos quanto à bilheteria, diretores e atores desses filmes vivem em casas confortáveis, têm carro de luxo, casa na praia, promovem festas e ainda contam com dinheiro para lançar outro filme, uma prova de que até os longas-metragens menos lucrativos ainda encontram um mercado fértil na Índia.

Outra característica dos filmes de pequenos produtores é que, até hoje, grande parcela de sua contabilidade é feita verbalmente. Os produtores se sentem mais confortáveis com os acordos verbais do que com os escritos. Isso explica, em parte, o fato de alguns produtores darem casas e carros a atores e coreógrafos para pagar os salários e saldar as dívidas. Até hoje, por exemplo, alguns cantores de *playback* dos filmes não guardam seus salários em bancos, mas em malas escondidas em casa.

Mais uma curiosidade reside no nome das produtoras de cinema da Índia. Elas são bem diferentes das de Hollywood, pois, enquanto nos Estados Unidos prevalecem nomes ficcionais como DreamWorks, Pixar, Columbia etc., na Índia quase todos os produtores batizam suas empresas com o nome da família, numa demonstração cultural de que no país o cinema é dominado por pequenos núcleos familiares. Com o tempo, desponta uma ou outra família no mercado, o que transforma a pequena empresa em um grande estúdio. Alguns exemplos são RK Films (de Raj Kapoor), Yashraj Filmes (Yash Chopra), BR Films (BR Chopra), Varma Corp (Ramgopal Varma), AB Corp (Amitabh Bachchan), Aamir Khan Productions.

Voltando à questão das diversidades locais, não só a língua mas também os gostos variam muito de região para região. Por exemplo: um filme de ação/suspense, com muitas cenas de perseguição de carros, pode ser um sucesso imediato em Déli, Rajasthan e no Leste de Punjab. Musicais combinam mais com o público de Mumbai e romances atraem mais público no Circuito Leste. Por isso, o bom produtor é aquele que consegue juntar, num mesmo filme, elementos que fazem sucesso em grande parte do território nacional, para assim atrair o maior público possível. Não há problema se uma música interromper um momento de suspense ou uma cena de terror; na verdade, é necessário que ela esteja presente. Isso é um mandamento para qualquer um dos grandes produtores de Bollywood, de ontem e da atualidade, como Raj Kapoor, Dev Anand, Guru Dutt, Bimal Roy, Prakash Mehra, Yash Chopra, Karan Johar.

Outro desafio para os produtores é a dublagem. Dublar filmes é muito mais comum na Índia do que exibir legendas. E, como o país tem 23 línguas oficiais, dublar é quase uma obrigação para os cinemas regionais que querem cruzar suas fronteiras. O mesmo acontece com os grandes sucessos de Hollywood na Índia, como *Jurassic Park – Parque dos Dinossauros* (1993), *Titanic* (1997) e *Homem-Aranha* (2002). Todos foram dublados em pelo menos três línguas nacionais. Poucas versões legendadas foram exibidas nas grandes cidades. Nas pequenas cidades e vilas, ninguém se importa com o fato de o som não estar sincronizado com a imagem. E isso é bastante recorrente, devido à diferença entre as línguas. Por exemplo: nas línguas indianas, o verbo geralmente aparece no final das frases, enquanto no inglês ele aparece no meio.

Chamo os produtores de generais de Bollywood porque, em relação ao resto da tropa, concentram-se em suas mãos poderes enormes. Durante quase toda a história do cinema indiano, os produtores detiveram 88% do orçamento de cada filme. Todo o resto da cadeia produtiva cinematográfica tinha de se virar com os 12% restantes. Essa proporção vem se alterando nos últimos anos, mas a passos lentos. E a análise da trajetória do cinema indiano contribui para que comecemos a entender as razões de tudo isso.

Um pouco de história

Desde o início, o cinema parecia destinado a ser o grande negócio da Índia. Ele apareceu no país apenas sete meses depois da primeira exibição dos irmãos Lumière em Paris, em 1895. Curiosamente, o primeiro filme da história mundial foi exibido no Salão Indiano do Grand Café, no número 14 do Boulevard des Capucines (na capital francesa), cuja decoração exibia traços da cultura indiana.

No dia 7 de julho de 1896, enquanto o czar da Rússia saboreava a exibição do primeiro filme em seu país, a então Bombaim via o cinema nascer também na Índia. Isso graças à geografia, já que Maurice Sestier, empresário dos Lumière, estava a caminho da Austrália e parou na cidade para descansar.

A exibição, no Hotel Watson de Bombaim, causou grande furor no país, e o empresário foi praticamente obrigado a fazer novas exibições em locais maiores, como o Teatro Novelty. No final das contas, as exibições duraram semanas, mostrando quase que um potencial genético do indiano para trabalhar e se envolver com aquela arte. Aos poucos, o número de filmes começou a aumentar e o jornal *The Times of India* passou a fazer críticas e resenhas sobre os títulos exibidos. O preço do ingresso naquela época era praticamente simbólico, algo em torno de dois centavos de dólar.

Presente na exibição do Novelty, Harischandra Sakharam Bhatvadekar, conhecido como Save Dada, ficou encantado com o que viu. Homem rico, já tinha experiência com fotografia, então decidiu importar a primeira câmera filmadora de Londres, a primeira a ser utilizada em solo indiano. Usou-a para filmar uma luta entre dois famosos pugilistas, Pundalik Dada e Krishna Nahvi, e na sequência o filme foi enviado à capital inglesa para seu processamento.

O cinema chegou à Índia no mesmo ano em que Winston Churchill visitou o país pela primeira vez e meses antes de a rainha Vitória celebrar o jubileu de diamante, considerando aquela terra dominada parte de um império que duraria mil anos.

À esquerda: Dadasaheb Phalke, primeiro diretor indiano. À direita, Raja Harischandra em cena do primeiro filme indiano.
Fonte: Bose, Derek. *Bollywood unplugged – Deconstructing cinema in black & white*. Mumbai: Frog Books, 2004, p. 11. (Imagens cedidas com a autorização do autor.)*

Mas a Índia não estava vivendo um momento fácil. O final do século XIX foi marcado pelas maiores ondas de fome no país. Em 1896, por exemplo, a fome matou mais de 150 mil pessoas no centro da Índia, e cinco mil morreram numa enchente no oeste do país. E aquele era apenas o primeiro ano de uma devastadora época de fome que mataria, até 1902, cerca de dezenove milhões de indianos. Para piorar a situação, navios chineses trouxeram a peste bubônica, matando mais de vinte mil pessoas, sendo que 1.400 morreram após um ciclone na região de Chittagong.

Voltando ao mundo cinematográfico, o primeiro grande filme de ficção do cinema indiano foi feito por Nanabhai Govind Chitre e Ramchandra Gopal Torney. Com uma câmera Williamson, filmaram *Pundalik* (1912), popular filme hindu que contava a história de um santo do estado de Maharashtra, cuja capital é Mumbai. O filme foi feito com atores indianos, câmera britânica e locação nacional (Mumbai).

Nessa época, surgiu o primeiro grande produtor indiano, Jamsetji Framji Madam, magnata que decidiu construir um sistema de estúdios e salas de cinema. Madam foi um dos responsáveis por levar ao cinema grande parte

* A partir daqui, todas as fotos do livro de Derek Bose serão acompanhadas do crédito *Bollywood unplugged* e do número da página de onde a imagem foi retirada, sempre com a autorização do autor.

das tradições do teatro pársi, que consistia em retratar histórias românticas e melodramáticas, com influências mitológicas e, em especial, do teatro elisabetano do século XVII, como no caso de traduções e adaptações de histórias de Shakespeare.

Com o início da Primeira Guerra Mundial, a importação de material fílmico passou a ter como fonte os Estados Unidos (no lugar da Europa) e Madam começou a importar produtos da Metro e da United Artists. Em 1916, a Universal estabeleceu uma agência cinematográfica na Índia, sendo o primeiro estúdio de Hollywood a fazer isso. Já em 1923, 90% dos filmes exibidos nas salas de Madam vinham dos Estados Unidos; os outros 10% eram da Inglaterra, Alemanha e França. A dominação de Bollywood não estava nem perto de acontecer, já que em 1926 apenas 15% dos filmes exibidos eram indianos. Nessa época, a tática de Madam já havia mudado e se desenvolvido. Em suma, o que ele fazia era pedir ajuda técnica aos estrangeiros para fazer filmes baseados na mitologia hindu. Foi quando a dominação cultural estrangeira começou a diminuir e a personalidade de Bollywood a se formar, já que grande parte dos filmes de Madam usava a mitologia indiana como pretexto para produzir um espetáculo de dança e canto com muitos atores e atrizes.

Nos anos 1920, as salas de cinema já eram absolutamente populares em todo o país. Só havia um problema: suas condições eram precárias demais – sujas, com mau cheiro, sem ventilação nem assentos etc. Certa vez, Madam disse ao Comitê Cinematográfico da Índia: "O tipo de pessoa que gosta de filmes indianos tem um jeito de viver bem diferente. Por exemplo, eles mastigam folhas de betel o tempo inteiro. Quando exibi o filme *Lanka Dahan*, arrecadei dezoito mil rupias, mas quase arruinei meu cinema". E assim explicou o porquê: "Eu tive não só de desinfetar todo o local, como também de convencer o público seguinte de que eu havia desinfetado tudo. Nessa altura da situação, eu já havia perdido dinheiro". Nas salas das zonas mais rurais, a situação era ainda pior, com bancos e carpetes infestados de insetos.

Por volta de 1935, as salas de teatro de Madam já estavam fadadas a desaparecer. Como produtor, também Madam estava com os dias contados. Em grande parte, isso aconteceu graças ao *crack* da bolsa de Nova York em 1929, que acabou com a possibilidade de crédito e investimento em salas de cinema com som. Mesmo assim, Madam lançou *Jamai Sashti*, o primeiro filme falado de Bengala, seguido de *Shirin Farhad*. Em 1931, ele lançou oito filmes sonoros, alguns em bengali, outros em híndi e, em 1932, dobrou a quantidade de lançamentos (dezesseis), quando foi introduzida a cor nos filmes indianos, especialmente no filme *Bilwamangal*. Era a despedida de um dos maiores produtores da Índia, que não conseguiu impedir a sangria financeira de suas empresas.

Na primeira metade do século XX, a Índia também teve a sua era de estúdios, assim como ainda ocorre em Hollywood. Mas eles tiveram vida curta. Oriental Pictures Corporation, Jagadish Films, Excelsior Company, Suresh Film Company, Indo-British Company, Taj Mahal Company e Photo Play Syndicate of India, todos eles renderam poucos filmes, ou foram liquidados logo na primeira produção. Apenas três estúdios foram suficientemente poderosos para durar mais e fazer história: Prabhat, em Puna, que começou em 1929; B.N. Sircar's New Theatres Ltd., em Calcutá, que surgiu um ano depois; e o maior de todos, Himansu Rai's Bombay Talkies, inaugurado em 1934.

Ao mesmo tempo, o número de salas de cinema no país disparou a partir de 1920, saltando de 150, em 1923, para 265 em apenas cinco anos. O mesmo acontecia com a importação de material fílmico. Até esse momento, o local de maior relevância cinematográfica da Índia ainda era Calcutá. Mas, ao longo dos anos, o número de salas de cinema na região foi diminuindo, ao passo que a então Bombaim (hoje Mumbai) ganhava cada vez mais importância econômica. Isso não significa que Calcutá deixara de produzir grandes diretores – como Satyajit Ray, um dos melhores cineastas da Ásia até hoje –, porém, a partir de 1950, Bombaim passou a ser a capital indiana do cinema. Especialmente porque a primeira metade do século XX presenciou a criação das instituições Bombay Cinema and Theatre Trade Association (1927), The Motion Picture Society of India (1932) e The Indian Motion Picture Producers' Association (1939), todas na cidade, deixando Calcutá alarmada, já que essas associações tinham contato direto com o governo, que por sua vez incentivava a indústria cinematográfica localizada em Bombaim. Como consequência, esta começou a concentrar as sedes das revistas especializadas em cinema, bem como os estúdios, os sets de filmagem e as casas dos astros.

Enquanto as cidades do Norte, como Calcutá, foram o berço da civilização indiana, as cidades costeiras na região central do país sofreram grande influência da colonização britânica. No caso de Bombaim, houve ainda significativa influência de Portugal. No entanto, as línguas faladas em Bombaim, Calcutá e Madras, as cidades mais importantes da Índia até então, eram diferentes entre si e bem distintas do híndi. Falavam-se bengali em Calcutá, tâmil em Madras e marata em Bombaim. Em outras palavras, um filme feito em uma região faria pouco ou nenhum sentido em outra. Pior: nos anos 1940, havia pouquíssima atividade cinematográfica nas regiões onde o híndi era mais falado e em algumas partes do Norte.

O Reino Unido tentou impor o inglês em todo o território indiano, mas não chegou nem perto de ter êxito. Nos anos 1940, só 2% da população indiana falava inglês e, até hoje, em pleno século XXI, dificilmente a língua da rainha é entendida com facilidade pelas classes mais baixas. O híndi só se tornou a língua oficial do país depois da independência, em 1947, por imposição do Congresso Nacional. Ainda assim, há regiões do Sul e do Norte que ignoram o idioma. Resumindo, a missão do produtor na Índia, nesse aspecto, é infinitamente mais difícil que nos Estados Unidos, levando-se em consideração que a língua oficial de Bollywood é a segunda, às vezes terceira, língua falada em algumas regiões, o que implica a filmagem em pelo menos duas línguas. Agonia maior ainda era a dos astros que não tinham nenhum contato com o híndi e participavam de um filme de Bollywood pela primeira vez. Até hoje, muitos se sentem estranhos, alheios ao que falam e fazem nos filmes produzidos em Mumbai.

Havia situações ainda mais exóticas para os olhos do Ocidente. Se um roteiro se mostrasse suficientemente forte para cruzar as fronteiras do híndi, o filme também seria produzido em outra língua. Um exemplo: o filme *Devdas* (1928), depois de seu sucesso em Bengala, foi refeito em híndi e tâmil. Há casos de filmes em que os produtores economizavam tempo e dinheiro, rodando-os em duas ou até três línguas ao mesmo tempo. No mesmo set, dois elencos diferentes esperavam sua vez para falar a língua escolhida, embora os dançarinos e a equipe técnica fossem os mesmos para as duas versões. "*Bengala take!*", frase seguida, minutos depois, por "*Hindi take!*" As grandes companhias passaram a contratar elencos bilíngues, para economizar no número de atores. Mas isso era exceção, não regra.

Com o passar dos anos, porém, o híndi passou a predominar mais e mais na produção cinematográfica, sendo que hoje, no século XXI, as produções mais poderosas em termos de bilheteria e orçamento são feitas nessa língua.

Uma das grandes companhias cinematográficas de Bombaim surgiu das mãos do jovem Devika Rani, que havia chegado recentemente de Londres e fundou, ao lado de Himanshu Rai, a Bombay Talkies Ltd., em 1934, gastando a então colossal quantia de 192 mil libras esterlinas. A companhia foi instalada num subúrbio ainda pouco explorado e ideal para abrigar estúdios e sets de filmagem.

A entrada da Índia na Segunda Guerra Mundial teve um impacto enorme para os alemães que trabalhavam em empresas como a Bombay Talkies e, aos poucos, ela foi perdendo fôlego. Ainda assim, Devika Rani e seus filmes deixaram sua marca na história do cinema indiano.

O sistema de estúdios começou a desaparecer a partir dos anos 1940. Eles continuam a existir até hoje, mas com uma estrutura bem diferente da de Hollywood. Por exemplo: após os anos 1940, tornou-se cada vez mais comum que um ator não mais tivesse contrato exclusivo com um estúdio. O ano de 1943 é tido como o momento em que o dinheiro sujo começou a banhar o cinema indiano, culminando no tiro de misericórdia contra a fase dos grandes estúdios. Ironicamente, a lavagem de dinheiro deu grande fôlego à indústria cinematográfica, impulsionando o país a ser o maior produtor de filmes do mundo algumas décadas depois, condição sustentada, porém, pela estrutura familiar. Para os atores, o dinheiro sujo significava um aumento excepcional de renda, uma vez que os produtores-relâmpago passaram a disputar os grandes astros, oferecendo quantias, para um só filme, que equivaliam ao que se obtinha com um ano de contrato com os estúdios. Em 1943, grande parte dos astros já trabalhava com contratos referentes a um só filme, fazendo três ou quatro filmes simultaneamente e ganhando milhões em pouquíssimo tempo.

Por falar em Segunda Guerra Mundial, esse foi um momento de extrema tensão na Índia. Havia um forte movimento pela independência, com o endosso do discurso proferido em 1942, conhecido como *Quit India* [Deixem a Índia], por Mahatma Gandhi, reprimido com grande violência pelas forças britânicas. Apesar de terem ganhado a guerra, os britânicos tiveram grandes perdas na Ásia diante do império japonês, o que estimulou os indianos a continuarem buscando a independência, pois já não viam os britânicos como superiores. Mumbai ficou em estado de tensão até a independência do país, em 1947.

A independência, alcançada no dia 15 de agosto de 1947, foi motivo de alegria e tristeza. A tristeza devia-se ao fato de que houve uma migração populacional em dois sentidos, da Índia para o novo país, o Paquistão, e vice-versa. Quase vinte milhões de pessoas cruzaram a nova fronteira em dois meses, o que resultou em um milhão de mortos e muitas famílias divididas. O Paquistão, criado para abrigar os muçulmanos que não queriam se sentir como minoria na Índia, teve como comandante-chefe Mohammed Ali Jinnah, um bêbado que mal falava urdu, a língua que ajudou a oficializar no país.

Tudo isso foi refletido e explorado por Bollywood, fortalecendo ainda mais, nos anos 1950, a cidade de Mumbai, que esticou suas fronteiras, ocupando todas as sete ilhas que a compõem atualmente. Guardadas as devidas proporções, pode-se dizer que Pali Hill, novo bairro em Bandra, era como Berverly Hills, em Los Angeles: um reduto de ricaços do cinema.

Mahatma Gandhi, por sua vez, pouco ou nada fez para ajudar o cinema indiano. O líder considerava a sétima arte um mal ocidental que deveria ser varrido da Índia, apesar das súplicas de produtores, diretores e líderes governamentais para que ele desse sua bênção e seu apoio ao cinema.

Com as proibições impostas por Gandhi, como não beber em locais públicos, o mundo cinematográfico mudou completamente nos primeiros anos de independência da Índia. Para se ter uma ideia, produtores, diretores e atores de cinema começaram a formar guetos próprios, promovendo festas secretas para que o governo não tomasse conhecimento do consumo de álcool. Pior ainda, todos os clubes mais badalados da cidade passaram a proibir a entrada de "gente de cinema", pessoas vistas praticamente como alcoólatras pelos mais conservadores e aliados do governo.

Nos anos pós-independência, a indústria de cinema indiano passou a ser a terceira maior do mundo e a quinta maior indústria da Índia. Enquanto em 1945 – por causa da guerra – a produção não passou de noventa títulos, após 1950 o país já produzia 250 filmes por ano, tornando-se o segundo país em produção anual de longas-metragens. Ainda assim, o governo dava as costas para os pedidos de produtores e diretores, que organizaram, em 1949, o Dia do Protesto Indiano, fechando todos os cinemas por um dia. Apesar disso, o governo continuou ignorando as exigências da área, por uma razão plenamente compreensível: tinha problemas muito piores para resolver.

Em 1947, a Índia era um país de quatrocentos milhões de habitantes, menos de 20% alfabetizados, e com uma expectativa de vida de 26 anos; havia milhões de refugiados, fome, enchentes etc. Outra razão para que o protesto tivesse pouca força se relacionava ao fato de que mais de 70% dos produtores eram novatos, ou seja, no ano seguinte grande parte deles já teria sido engolida pelo sistema e saído do mercado do cinema.

O clima de independência influenciou também a temática dos filmes indianos. O escritor Derek Bose explicou-me que os grandes diretores dos anos 1950 só queriam abordar temas como igualdade, progresso, desemprego, industrialização etc. No entanto, as tentativas de diminuir as discrepâncias sociais do país não tiveram êxito e, a partir dos anos 1960, o cinema voltou a ser explorado majoritariamente como entretenimento, sendo que até hoje a temática mais realista – que no Brasil surge em filmes como *Cidade de Deus* – não tem grande popularidade entre os cineastas indianos.

Para que eu pudesse realmente entender as razões por trás disso, o melhor método foi conversar com os próprios cineastas de Bollywood. Esses encontros não só me ofereceram a oportunidade de compreender a forma bastante diferenciada (em relação ao Ocidente) com que dirigem os filmes como também me permitiram conhecer os grandes filmes e temas que permearam a rica história do cinema indiano.

Câmera na mão

Ao primeiro olhar, a tarefa de dirigir um filme parece seguir as mesmas regras em qualquer país do mundo. É preciso comandar toda a equipe e concretizar as ideias pessoais respeitando o limite orçamentário do projeto. Mas, em relação a Bollywood, alguns fatores me levavam a imaginar que o trabalho de direção na Índia fosse algo distinto daquilo a que o Ocidente está acostumado. Com tanto poder nas mãos dos produtores, tantos filmes sendo feitos por ano e uma temática fortemente inspirada em produtos criados em Hollywood, minha suspeita tinha tudo para ser comprovada.

Depois do mergulho na história de Bollywood e nos segredos de produção dessa indústria, fui atrás de respostas referentes ao trabalho de direção. Dois encontros foram fundamentais para que eu pudesse esclarecer o assunto; o primeiro deles foi com o escritor Derek Bose, considerado um dos maiores especialistas em Bollywood da Índia. Ele me recebeu em sua casa e, enquanto sua mulher preparava alguns quitutes locais, conversamos durante horas sobre diversos temas, em especial sobre a função dos cineastas indianos na cadeia cinematográfica. Bose é um intelectual fantástico. Sua visão do cinema da Índia é isenta de qualquer tipo de surto nacionalista ou censura pessoal. Em outras palavras, ele fala o que pensa e muitas vezes diz coisas que nenhum censor ou membro do governo indiano gostaria que saíssem das quatro paredes de sua sala, muito menos que cruzassem o planeta inteiro.

O outro encontro fundamental foi com o cineasta Shyam Benegal. Quando o conheci, ele tinha 73 anos e uma vitalidade de jovem cineasta. Sempre insistiu – e batalhou por isso – em um cinema de caráter mais autoral e artístico, menos comercial, embora fortemente ligado a um estilo que o próprio governo

Derek Bose, escritor especialista em Bollywood.
Foto: Franthiesco Ballerini

indiano incentivou durante certo período. Teve êxito algumas vezes, falhou em outras. Para melhor defini-lo é preciso dizer que Benegal faz parte de uma minoria distinta no cinema indiano, responsável por produzir filmes de arte com apelo não apenas relativo a um pequeno grupo, mas também a um número considerável de espectadores, falando a eles por meio de uma narrativa firme, clara, atraente e, ao mesmo tempo, capaz de entreter. "Eu gostaria de estar começando a carreira hoje, no século XXI. A Índia nunca precisou de dinheiro do governo para sustentar seu cinema, mas hoje é ainda mais fácil ser diretor por conta das tecnologias digitais e porque o advento das salas multiplex nos permite fazer filmes menores, que não precisam atrair multidões a cada sessão", comentou Benegal.

Nossa conversa aconteceu após a coletiva de imprensa do Festival Internacional de Cinema de Puna, uma cidade com forte ar acadêmico, distante algumas horas de Mumbai. Tal como Bose, Benegal não defende cegamente o cinema de seu país, por isso consegue enxergar méritos e deméritos no trabalho de direção na Índia, assim como no cinema em geral. Ao contrário de grande parte dos cineastas indianos, Benegal é um estudioso do cinema. Seu escritório é repleto de livros sobre teorias cinematográficas, clássicos mundiais etc. Isso o ajudou a se transformar num diretor autoral, respeitado, capaz de expor de forma fundamentada o que o cinema indiano tem de bom e de ruim. Ele é um intelectual que dispensa agentes, secretários ou outros funcionários que fazem que os jornalistas esperem em outro cômodo do escritório enquanto o propósito da entrevista é explicado. Assim como ocorreu com Derek Bose,

O cineasta Shyam Benegal.
Foto: Franthiesco Ballerini

conseguí falar diretamente com Benegal, sem delongas, sem tiques de celebridade excessivamente cuidadosa com o que vai dizer por não ter o que dizer. Benegal recebe a imprensa mundial atendendo o próprio celular, o que é uma raridade no mundo cinematográfico indiano.

Voltando a Derek Bose, a primeira curiosidade que me contou em nosso encontro diz respeito ao lançamento de um filme indiano. Alguns cineastas, segundo ele, preferem lançar seus filmes primeiro no mercado externo e só depois no próprio país. Não estamos falando aqui de filmes com roteiros internacionalizados, mas sim do típico cinema indiano. Não existem razões plausíveis para isso a não ser a possibilidade de avaliar a reação do público que é fã de cinema indiano nos países vizinhos e das comunidades indianas de nações como Estados Unidos e Inglaterra, ou talvez de angariar recursos para um lançamento em massa dentro do próprio país, onde o ingresso tem um custo bem menor, mas é necessária uma quantidade enorme de recursos publicitários para que o filme emplaque nas bilheterias. No entanto, é bom que se deixe claro que isso acontece com uma minoria de cineastas. Ainda assim, o hábito persiste até hoje e não deixa de ser exótico.

Ainda com relação ao marketing, percebe-se que alguns diretores são tão antiautorais (puramente comerciais) que chegam a mudar todo o roteiro da história no meio do filme se isso for uma condição para angariar mais fundos para o produto ou alavancar seu lançamento no mercado.

Outro hábito dos cineastas indianos cujo foco também está no retorno financeiro é refazer diversas vezes filmes que foram um sucesso no passado. Re-

makes existem nos cinemas de praticamente todos os países, mas sua produção em Bollywood é exponencial, levando-se em conta o tamanho dessa indústria. Por exemplo, filmes como *Devdas* (2002), *Parineeta* (2005) e *Don* (2006) foram histórias de grande sucesso no passado que voltaram a trazer inúmeros espectadores às salas. Porém, a cada remake, uma diferença crucial impera: o fator tecnológico. Refazer um filme dos anos 1930 em pleno século XXI é algo que possibilita aliar uma história carregada de um sucesso anterior (conservando o mesmo título), portanto estimada pela memória do público, ao desenvolvimento tecnológico. A história permanece a mesma, mas a estética é tão diferente que o resultado é um filme bastante distinto do original. A tática tem dado certo em Bollywood, pelo menos até agora.

Tudo isso, entretanto, impede que parte dos cineastas indianos concretize um sonho em comum: que seu nome, não seus filmes, atraia por si só financiadores. Ou seja, que acreditem tanto na capacidade de fazer dinheiro ou trazer repercussão do diretor a ponto de apostarem sem muitas perguntas em seu próximo projeto. Num mercado saturado de filmes, em que poucos chegam a virar *blockbusters* – como visto no capítulo anterior –, tal realidade não é privilégio de muitos.

Em relação à temática, geralmente os cineastas seguem a tradição que descende diretamente dos grandes épicos indianos. Um deles é o *Ramáiana*, conto de 24 mil versos, datado de 500 a.C., sobre um príncipe cuja esposa é raptada por um demônio. Outro épico é o *Mahabharata*, com 74 mil versos em sânscrito, contendo nada menos do que 1,8 milhão de palavras, sendo talvez o maior texto sagrado do hinduísmo. Ele discute as três metas da vida humana: o desfrute sensorial, o desenvolvimento econômico e a religiosidade mundana. Em resumo, esses dois clássicos monumentais – o segundo é considerado, por muitos estudiosos, o maior volume de texto numa única obra humana – são fontes quase inesgotáveis de inspiração para roteiros bollywoodianos, com heróis e vilões definidos pelos conceitos-base contidos nessas obras.

O primeiro diretor indiano foi Dhundiraj Govind Phalke, conhecido como Dadasaheb Phalke. Nascido em 1870, filho de um erudito em sânscrito, Phalke seguiu estudos na área das artes, era um habilidoso mágico e viajou para a Alemanha para aperfeiçoar seus conhecimentos culturais. Em 1910, ele ficou doente e, por certo tempo, perdeu a visão. Quando a recuperou, voltou para a Índia para vivenciar uma experiência que mudaria a sua vida.

Numa sala de cinema da então Bombaim, Phalke assistiu ao filme *The Life of Christ*. Enquanto as imagens de Cristo apareciam, começou a mentalizar a representação dos deuses hindus Krishna e Rama, tendo passado depois noites em claro pensando em como adaptá-la e levá-la para as telas. Mudou abruptamente de carreira, decidido a levar sua cultura para as telas.

Já naquela época, o financiamento não era o problema – como foi visto no capítulo anterior, o dinheiro sujo era volumoso no cinema. Os desafios ficavam por conta, na verdade, de conseguir atores, especialmente atrizes, que tivessem coragem para atuar em frente às câmeras. Havia certa tradição teatral ligada à mitologia hindu, já que o teatro e a dança teriam aparecido junto com os deuses; Brahma (o criador) teria ordenado a primeira atuação artística. Um exemplo: *Shakuntala*, famosa peça em sânscrito do dramaturgo Kalidasa, surgida aproximadamente no século V, era centrada num personagem feminino. Mas, quando Phalke foi procurar atrizes, a realidade de *Shakuntala* estava distante demais. No início do século XX, a alta sociedade indiana via o trabalho no teatro como algo vergonhoso; portanto, nenhuma indiana teria coragem de trabalhar num filme, produto ainda pouco conhecido e explorado. Diz a lenda que até prostitutas recusaram papéis oferecidos pelo diretor.

A solução surgiu quando Phalke conheceu um jovem cozinheiro, com trejeitos afeminados e biótipo delicado, que aceitou – por uma quantia razoável – trabalhar com o diretor. Tornou-se uma grande estrela do cinema e, anos depois, em outro filme de Phalke, viveu tanto o protagonista (Rama, o grande deus) quanto sua esposa Sita, a mulher hindu idealizada.

O diretor escolheu bem a história que marcou sua estreia nos cinemas. Criou uma trama inspirada num trecho de *Mahabharata*, já que os mitos indianos sempre fizeram parte da sociedade, sendo preservados por terem sido transmitidos oralmente por inúmeras gerações. Trata-se de histórias que, com certeza, qualquer criança hindu conhece, e, num país tão dividido linguisticamente, nada como um roteiro já popularizado para angariar público. Depois de seu primeiro filme (*Ankurachi Wadh*), o diretor adotou o modelo dos estúdios, seguido pelo sistema que conta com a ação de diversos produtores.

No capítulo "Os generais de Bollywood", viu-se que o crescimento do cinema indiano como indústria se deveu ao fato de que os produtores ou diretores legaram seu ofício às gerações seguintes. Com Phalke não foi diferente. Sua mulher, Kaki Phalke, seus cinco filhos e três filhas – além de outros parentes – seguiram pelo caminho do cinema, a ponto de, uma década depois, sua empresa já ter mais de uma centena de funcionários, sendo muitos deles membros da família. Durante essa década, Phalke fez mais de cem filmes, de curtas-metragens a *blockbusters*, destacando-se o filme *Raja Harishchandra*, um grande sucesso de público, além de *Lanka Dahan*, lançado quatro anos depois (1917), um épico que adaptava para as telas o clássico hindu *Ramáiana*, mostrando como Rama resgatou Sita do grande demônio, Ravana.

A elite inglesa que colonizava a Índia, no entanto, ignorava Phalke, preferindo ver filmes ocidentais, um cisma social que durou até as últimas décadas do século XX. Em outras palavras, apesar de ter firmado seu nome no mundo do cinema nacional, Phalke via seus filmes restritos às salas distantes dos centros urbanos ou às salas mais pobres, com piores condições sanitárias. De qualquer forma, ele deixou sua marca no cinema indiano – e talvez mundial – por ser o cineasta que possibilitou que a Índia acompanhasse a evolução do cinema no resto do mundo. Na verdade, em alguns momentos Phalke esteve à frente, já que seu primeiro *blockbuster*, *Raja Harishchandra* (1913), foi exibido sete meses antes de *Amor de Índio* (Cecil B. DeMille) e dois anos antes de *O Nascimento de uma Nação* (D. W. Griffith), assim como de outros clássicos mundiais.

Antes do advento do cinema sonoro na Índia, a exibição dos filmes mudos era acompanhada por performances ao vivo de artistas. E, nessa época, já se previa o enorme sucesso da associação da música com o cinema, já que havia uma trilha acompanhando o longa até o final. O narrador às vezes também fornecia comentários críticos sobre o que se passava na tela. Tudo isso desapareceu a partir de 1930, com a chegada dos filmes sonoros.

O primeiro filme sonoro da Índia foi *Alam Ara*, dirigido por Ardeshir Irani e lançado em março de 1931. O produto causou tanto interesse no Majestic Cinema, em Mumbai, que a polícia teve de ser acionada para controlar a multidão. A história era fraca e a direção artística, capenga. Ainda assim, por apresentar som pela primeira vez, entrou para a história da Índia. Seu maior legado, no entanto, foi outro. Quase todos os atores desse filme foram esquecidos, exceto Prithviraj Kapoor, cuja família se envolveu de tal forma no meio que formou um clã cinematográfico que já dura quatro gerações. Até hoje, o sobrenome Kapoor tem grande influência em Bollywood.

Aqui vale um parêntese. Seu filho, Raj Kapoor, é considerado um dos maiores profissionais do entretenimento da história da Índia. Ator, escritor, diretor, compositor, produtor, Raj se envolveu em mais de cem filmes entre 1935 e 1990, uma marca considerada imbatível até hoje. Seus filmes atingiram um êxito inquestionável em países europeus, africanos e asiáticos. Foi talvez a primeira grande estrela do cinema indiano, permanecendo sem competidores até a chegada de Amitabh Bachchan. Curiosamente, Raj nem chegou a entrar na escola, conseguindo driblar a falta de estudo e se tornar um grande empresário.

Ardeshir Irani foi o produtor do primeiro filme indiano em cores da história, *Kisan Kanya*, datado de 1937. Era um grande entusiasta do cinema nacional e acreditava que o governo, um dia, protegeria e estimularia a produção interna. Isso nunca aconteceu, mas o cinema indiano cresceu pela própria força, não cedendo ao poder da importação de produtos estrangeiros.

Quanto à popularidade, um dos filmes mais bem-sucedidos da história da Índia foi *Devdas*. O romance, escrito em 1917 por Sarat Chandra Chattopadhyay, fala de dois jovens que se apaixonam mas deparam com a impossibilidade de seu casamento em razão de serem de castas diferentes. O romance teve nada menos do que nove adaptações para o cinema, sendo a última delas de 2002 – é bom que fique claro que, em se tratando de um cinema tão colossal como o indiano, esses números nunca são plenamente confiáveis, já que outras tantas versões não oficiais (que não passaram pela censura) podem ter sido produzidas ao longo das décadas.

A primeira adaptação, datada de 1928, foi um filme mudo. A segunda, dirigida por Barua, causou uma verdadeira comoção no país pela ousadia de apresentar um final trágico – até hoje, pouco aceito na Índia. Mas o filme estimulou diretores de diversas línguas nacionais a fazerem suas versões da história, que surgiram em bengali, híndi (três filmes), télugo (dois) e tâmil. A versão de 2002 teve uma audiência estrondosa. As músicas feitas para as versões do filme ainda fazem enorme sucesso nas rádios indianas e venderam discos e CDs aos milhões, revolucionando inclusive o estilo musical dos *blockbusters* feitos em Bollywood.

Outro filme que lida com as questões polêmicas relacionadas ao sistema de castas é *Achhut Kanya*, de 1936. Estrelado por Ashok Kumar e Devika Rani, esta última considerada pelos críticos a Greta Garbo indiana, é datado de uma época em que os atores cantavam de verdade – ao contrário do que ocorreu posteriormente com grande parte das produções de Bollywood, que recorrem à dublagem, como veremos adiante. O sucesso foi tão grande que até hoje os indianos sabem de cor as principais canções do filme. Com relação ao ator Ashok Kumar, vale ressaltar que ele ajudou, mais tarde, a revelar o talento de um grande diretor de Bollywood, B. R. Chopra, que também fundou uma dinastia no mundo do cinema. Seu irmão, Yash Chopra, é um dos magos do cinema indiano até hoje, e seu talento e poder no país são comparados com o que Steven Spielberg ou George Lucas representam para os Estados Unidos.

No final dos anos 1940, mais um filme entrou para a história da Índia. Foi *Chandralekha*, produzido pelo estúdio Gemini. Custou três milhões de rupias indianas e faturou vinte milhões. O enredo é sobre dois príncipes que lutam para conquistar uma dançarina. Entrou para a história não só pelo faturamento, mas pelo fato de ter demorado setecentos dias para ser rodado, pois o diretor, Vasan, queria capturar as imagens e associá-las automaticamente a músicas e cenas cômicas. Estreou com seiscentas cópias apenas da versão híndi, tendo sido lançado também nos Estados Unidos.

Enquanto, para os americanos, a Guerra Civil e a conquista do Oeste renderam incontáveis filmes (e até um gênero, o *western*), na Índia o momento mais crítico da história do país – a separação de um grande território para a criação do Paquistão – não foi igualmente refletido, questionado ou celebrado no cinema. Essa divisão, que resultou na morte de milhões de pessoas e numa situação de conflito que se estende até hoje, gerou poucos filmes, como

Chinnamul (1950), do diretor Nemai Ghosh, sobre a migração de milhões de hindus do leste de Bengala para o oeste da mesma região. Só em 1973, com o diretor M. S. Sathyu, surgiu uma resposta à altura do tema, o filme *Garam Hawa*, que se aprofundou na questão do cisma geográfico. A produção conta a história de um muçulmano, em Agra – cidade onde fica o Taj Mahal –, que, apesar de ter perdido a família e de sua filha ter se suicidado enquanto os amigos migraram para o Paquistão, decidiu ficar na Índia. Virou um ícone do cinema bollywoodiano, fortemente tendencioso em relação ao lado indiano, diga-se de passagem, transformando-se, obviamente, numa referência de patriotismo e idolatria da nação.

Nessa mesma época, outro dado histórico chama atenção. Começava a guerra entre capitalistas e comunistas. E, embora a Índia estivesse mais próxima geograficamente da União Soviética e da China, ambas comunistas, era a maior democracia do mundo e, em tese, se aliaria aos norte-americanos. Entretanto, Jawaharlal Nehru, que se tornou primeiro-ministro após a independência da Índia, relutou em ficar do lado do capitalismo, o que contribuiu para uma aliança no mínimo exótica: os Estados Unidos se uniram ao Paquistão, uma ditadura militar, em vez de apoiar a democrática Índia. Como antes, esse nó não foi devidamente explorado pelo cinema indiano naquele momento. Ou melhor, havia um alinhamento com o mundo comunista apenas em termos ideológicos por parte dos cineastas. Por exemplo, Raj Kapoor sempre deixou muito evidente em seus filmes sua ojeriza pela ideologia materialista do capitalismo, tendo maior afinidade com o marxismo. Mas este não costumava ser o tema principal de seus filmes. Seu longa *Awaara* [*O Vagabundo*] (1951), no entanto, deixou isso bem evidente, fazendo um grande sucesso na Turquia, no Irã, no mundo árabe, no Leste Europeu (comunista) etc.

A União Soviética contribuiu para que ocorresse uma massiva distribuição de *Awaara*, que foi dublado em diversas línguas. Essa distribuição começou em 1954, após uma visita de Raj Kapoor, com uma delegação de cineastas, a Moscou. Dois anos depois, ao retornarem à capital soviética, descobriram que o elenco e o diretor eram celebridades naquele imenso país, cujos aeroportos frequentemente tocavam as músicas de *Awaara*. O filme também foi exibido em países como Brasil, Peru, Bolívia e Equador, em parte como reflexo do sucesso nos países comunistas – já que o filme fora visto na América Latina majoritariamente por marxistas – e em parte pelo belo trabalho de distribuição feito na época.

Nessa época politicamente tensa iniciou-se a era dos grandes clássicos do cinema indiano, mais precisamente a partir da segunda metade dos anos 1950. Em 1957, o diretor Mehboob Khan lançou *Mother India* e, em 1960, Karimuddin Asif apresentou *Mughal-E-Azam*; esses são considerados os dois filmes mais importantes da era clássica de Bollywood. O primeiro representa a saga

Raj Kapoor e Nargis em uma cena de *Awaara*.
Fonte: *Bollywood unplugged*, p. 71.

de milhões de indianos, personificados na luta de uma pobre mãe que acaba tendo de matar seu violento filho, simbolizando o sofrimento das classes famintas e das mulheres de família que lutam pela paz. O segundo filme é ambientado no século XVI, na corte do imperador Akbar, e conta com uma trama historicamente questionável, porém com músicas e trabalho de figurino impecáveis. O ponto comum entre esses dois filmes foi o fato de inaugurarem uma fase em que a rica história indiana passou a ser olhada com mais carinho pelos cineastas: um falava sobre o passado opressivo do país; o outro sugeria uma Índia mais tolerante no século XX. *Mother India*, especificamente, estabelecia uma reflexão sobre o futuro do país, que vivia uma época de planejamento econômico segundo os moldes soviéticos, mas dentro de uma democracia. O longa não foi exibido nos Estados Unidos até 1959, embora tenha sido um dos cinco indicados ao Oscar de melhor filme estrangeiro de 1958.

Na época do Oscar, no entanto, pôde-se notar que Bollywood ainda não estava preparada para a internacionalização e a entrada no grande circuito cinematográfico mundial. O filme foi exibido para o júri da Academia sem legendas em inglês, ao contrário dos outros quatro indicados. A cópia também não era das melhores. Como resultado, a coletiva de imprensa foi um fracasso, e o filme foi suplantado, em especial, por *Noites de Cabíria*, de Federico Fellini. Esse seria apenas o começo de um pesadelo para o diretor Mehboob, que sofreu um ataque cardíaco na época, em Los Angeles, e posteriormente ficou internado em Londres. Morreu no dia seguinte à morte do primeiro-ministro Nehru, em 1964, ano considerado pelos indianos um dos mais trágicos da história. Apesar de tudo, *Mother India* deixou um legado significativo. Foi o último filme feito com som sincronizado – captado durante as filmagens; a partir daí, Bollywood adotaria a dublagem em estúdio de todas as falas e músicas das cenas rodadas previamente. Isso durou quarenta anos, como veremos mais adiante.

Embora fale do passado histórico da Índia, *Mughal-E-Azam* mostra que a tradição de Bollywood de se inspirar nos roteiros ocidentais já era forte. O filme foi como uma versão de *Esperando Godot*, de Beckett. Sua produção demorou quase uma década para ser encerrada, tempo suficiente para morrerem alguns atores. Quando o filme estreou, em 1960, o herói já estava morto e grande parte do elenco nem participou da festa de lançamento. Mas a obra foi um grande sucesso. Dirigida por K. Asif, sua noite de gala praticamente interditou os arredores do teatro Maratha Mandir, tamanha a empolgação do público, consequência de um refinadíssimo trabalho de propaganda e imprensa. Pela primeira vez na Índia, quase cinquenta jornalistas do país inteiro vieram para cobrir uma estreia, que dominaria quase duzentas salas de Mumbai e arredores.

Tecnicamente, o cinema indiano não estava em sua era de ouro. Muito pelo contrário. Os cineastas tinham de ir a Londres para finalizar seus filmes, principalmente porque não havia no país laboratórios para filmes coloridos até então. Houve também, nos anos 1950, outro longa-metragem que colocou Bollywood no mapa mundial. *Aan* (1952), estrelado por Dilip Kumar, foi sucesso de público em Londres e Paris, inclusive fazendo que Kumar fosse entrevistado pela BBC, o que era, até então, algo inédito para o cinema indiano.

Bollywood sofreria outra grande turbulência nos anos 1970. Em 1975, Indira Gandhi declarou estado de emergência em todo o país após um juiz ter dito que usara técnicas ilícitas para ganhar as eleições. Pela primeira vez a Índia não fora uma democracia. Indira sofreu pressões do congresso para que resignasse seu posto, ao que ela respondeu prendendo políticos e censores e suspendendo as liberdades civis e os direitos básicos dos cidadãos. A democracia indiana viu-se, de uma hora para outra, calada, e seus jornais apenas repetiam os discursos da primeira-ministra. Isso teve um impacto terrível naquele que talvez tenha sido o grande filme de Bollywood: *Sholay* (1975), dirigido por Ramesh Sippy, que faturou impressionantes sessenta milhões de dólares. Mas, naquela época de efervescência política, todos os cinemas tinham de fechar as portas à meia-noite, e o filme, com três horas e vinte minutos de duração, teve de ser cortado em diversas cidades. Ainda assim, *Sholay* fez sucesso, parte desse êxito devendo-se ao fato de ter funcionado como uma válvula de escape para os indianos. Proibidos de falar de política, eles viram no filme, que abordou a justiça e a prisão de bandidos, a oportunidade de discutir a história social e refletir sobre ela.

Voltando aos grandes temas do cinema indiano, dois pontos têm relação com o épico *Ramáiana*: a devoção aos mais velhos e a peregrinação. Essas características estão presentes em fábulas passadas de geração para geração, e é mais do que natural que o cinema invista nelas. Faltar com o respeito aos pais ou negar-lhes auxílio é execrável na sociedade indiana, e filmes como *Baghban* (2003) deixam isso bem claro. A reaproximação entre irmãos e entre filhos e pais é outro tema bastante recorrente, como no caso do recente sucesso *Kabhi Khushi Kabhie Gham* (2001). Todos esses filmes mostram o pai como o líder da família e a mãe como a provedora de carinho e atenção, refletindo o modo como, em geral, ainda é estruturada a família indiana.

As divindades também exercem grande influência no cinema indiano. Shiva é tido como o patrono das artes performáticas. Mas a trindade divina do hinduísmo – Vishnu, o Protetor; Brahma, o Criador; e Shiva, o Destruidor – é igualmente relevante no meio. Outros deuses frequentemente venerados nas telas são: Surga, deusa da força; Laxmi, deusa da riqueza; Sarasvati, deusa do aprendizado; e Hanuman, ou Maruti, o deus-macaco. Ganapati, ou Ganesha, com cabeça de elefante, é o deus do início e removedor de obstáculos, muito venerado na região de Mumbai. "Maruti aparece em praticamente todos os filmes de Bollywood, mas não propriamente como o deus-macaco, e sim na pele do melhor amigo do herói, que é sempre um personagem cômico", explicou Derek Bose na entrevista concedida a mim em sua casa.

A influência da espiritualidade não se manifesta apenas na temática do cinema, mas também na própria arte de fazer cinema. Por exemplo, antes de rodar a primeira cena de um filme, há um ritual de oferenda em que se quebra um coco. Independentemente da crença do cineasta, essa oferenda é feita em quase todos os filmes de Bollywood.

A infância é vista pelo cinema indiano como uma fase marcada pela mais perfeita felicidade, uma era de ouro sempre valorizada pelos cineastas. Tanto *Devdas* (1935) quanto *Aag* (1948) – grandes filmes de Bollywood – trazem como tema a separação de duas crianças que passam a maturidade tentando se encontrar novamente, até que se apaixonam. Já adultos, esses personagens ainda apresentam atitudes infantis, como dançar e cantar o amor que sentem um pelo outro, como numa brincadeira de quintal.

O paraíso e a utopia de uma vida perfeita nunca deixaram de ser explorados pelo cinema indiano. Todos os aspectos da vida em família são contemplados. A prova disso são as cenas de casamento. Vale mencionar que o casamento é geralmente visto como solução para injustiças sociais, como no caso da união de dois jovens de castas diferentes. Também é uma contemplação do amor verdadeiro, já que em muitos filmes a noiva foge do casamento arranjado para se unir ao verdadeiro amor – o que pode ser visto em produções como *Chori Chori* (1956) e seu remake *Dil Hai Ki Manta Nahin* (1991). Em 1943, o filme *Kismet* já mostrava recém-casados saindo de carro alegremente pela estrada, cena bastante explorada por Hollywood. Casamentos arranjados que acabam em violência ou até na recusa da noiva em dizer sim (como se vê em *Bazaar*, de 1982, filme muçulmano produzido na Índia), também são muito comuns, mais especificamente quando o homem é bem mais velho que a mulher. Nessas produções, imperam cenas com uma grande quantidade de figurantes, muita dança, música, comida e locações espetaculares.

A figura do inimigo no cinema indiano é menos monocromática que a ideia de felicidade. Além dos inimigos óbvios – assassinos, estupradores, criminosos em geral –, a história do próprio país criou vilões que, ao longo do século XX, foram do colonizador inglês ao vizinho Paquistão. *Kaliya Mardan* (1919), de Phalke, pode ser interpretado como uma alegoria nacionalista contra um opressor estrangeiro. O próprio *Lagaan* (2001) é um exemplo nítido de filme em que o inimigo é representado pela ambição e crueldade britânicas, evidenciadas durante uma partida injusta de críquete. Filmes que abordam a tensa relação entre Índia e Paquistão não são muitos. Alguns exemplos seriam *Haqeeqat* (1964), *Lakshya* (2004) e *Deewaar: Let's Bring Our Heroes Home* (2004). A lealdade à nação indiana por parte dos muçulmanos que ficaram na Índia após a criação do Paquistão é frequentemente questionada no cinema, o que pode ser visto em filmes como *Sarfarosh* (1999). Muitos especialistas locais admitem que Bollywood cria caricaturas dos muçulmanos, vistos como exóticos ou estranhos, assim como Hollywood faz com russos, latinos e africanos.

Outros inimigos encarnam a ideia do atraso feudalista indiano, como o sistema de castas, os agiotas etc. São exemplos dessa temática filmes como *Sujata* (1959) e o próprio *Mother India* (1957). Nos tempos modernos, a figura do inimigo é representada por políticos corruptos e empresários sem caráter que usufruem da riqueza nacional em proveito próprio. *Mr. India* (1987), *Krantiveer* (1994) e *Hindustani* (1996) são filmes que apresentam essa realidade, levando o espectador a uma saborosa vingança final.

Como veremos mais adiante, grande porção dos filmes produzidos na Índia não quebra a convenção e mantém muita ação acompanhada de música e dança, bem como um roteiro inspirado em histórias de amor. Mas Bollywood tem suas exceções, que cruzaram as fronteiras, permanecendo um sucesso até hoje. *Awaara* (1951) é comentado em países como a China e *Mother India* (1957) é cultuado na Grécia, onde duas músicas foram regravadas e figuraram no topo das paradas do país. *Sangam* (1964), de Raj Kapoor, ainda é lembrado no Irã e na Rússia. Indonésia, Turquia, Marrocos e Egito também são fãs de filmes, estrelas e músicas do cinema indiano. Títulos como *Sholay* (1975), *Deewaar* (1975) e *Pakeezah* (1972) fazem parte do que se pode chamar de *world cinema*, ou cinema internacional, com apelo mundial.

Ainda assim, os cineastas indianos têm um longo caminho a percorrer para conquistar o público ocidental. Embora Bollywood faça sucesso em países como Alemanha, Inglaterra e Estados Unidos, esse êxito limita-se quase exclusivamente às comunidades indianas desses países. Europeus e americanos ainda veem Bollywood como uma produtora de melodramas com danças. Contudo, há fenômenos recentes que começaram a quebrar essa barreira. *Lagaan* (2001), indicado ao Oscar de melhor filme estrangeiro, recebeu inúmeras críticas positivas no mundo inteiro, assim como *Monsoon Wedding* [*Um Casamento à Indiana*] (2001), de Mira Nair, e *Bend It Like Beckham* [*Driblando o Destino*] (2002), de Gurinder Chadha. Impossível não citar *Slumdog Millionaire* [*Quem quer ser um milionário?*] (2008), filme dirigido pelo inglês Danny Boyle, rodado na Índia e vencedor de oito estatuetas do Oscar (das dez para as quais concorria), entre elas melhor filme e diretor. Coproduzido por uma equipe indiana, o longa não é necessariamente um filme de Bollywood, mas traz elementos típicos dessa indústria, como dança, música, muitas cores e atuações um tanto exageradas.

Outro desafio é a internacionalização dos astros de Bollywood. Enquanto Al Pacino é famoso em qualquer canto do planeta, Aamir Khan é uma celebridade apenas na região onde os filmes de Bollywood são vistos – sul e sudeste da Ásia e nordeste da África. Mas há uma vantagem que Aamir Khan e seus colegas têm que nenhuma estrela de Hollywood jamais conquistou. Se Al Pacino, Julia Roberts, Meryl Streep e Clint Eastwood são astros, Aamir Khan, Salman Khan, Aishwarya Rai, Kajol e Shahrukh Khan são deuses. Sim, eles são divindades. Mas esse é um assunto para o próximo capítulo.

6º e 7º dia

Deuses de carne e osso

Um aspecto que me intrigava pouco quando estava à caminho da Índia era o papel dos atores e atrizes de Bollywood. Imaginava eu que o *star system* era semelhante ao que conhecemos, o do cinema norte-americano, ou seja, composto de artistas mais ou menos famosos, alguns com carreira meteórica (que surgem com a mesma velocidade com que desaparecem), outros consagrados pelo tempo e por determinados trabalhos, astros que se mantêm em evidência pela beleza ou por algum escândalo pessoal.

Essa imagem permaneceu em minha mente até o quarto dia em Mumbai, quando, ao comprar um jornal local, deparei com uma quantidade enorme de fofocas sobre os astros bollywoodianos, tomando quase que todo o caderno de cultura. Ainda assim, só fui descobrir que o tal *star system* indiano é um dos aspectos mais interessantes daquela indústria alguns dias depois, graças àquela que talvez tenha sido a maior surpresa de toda a viagem.

A descoberta se deu durante um bate-papo com Kishore Namit Kapoor, dono de uma escola de atuação de renome em Mumbai, o Kishore Namit Kapoor Acting Institute. Sua declaração foi, no mínimo, instigante: "Aqui em Bollywood, atores e atrizes realmente consagrados ultrapassam o patamar de meros artistas. Eles são considerados deuses pela população indiana".

Deuses? Não seria um exagero? A resposta é não.

Em Bollywood (e é bom lembrar novamente que, quando me refiro a Bollywood, quero dizer, utilizando uma licença técnica, o cinema indiano como um todo), atores e atrizes que estão no auge da carreira são vistos como deuses e deusas. A prova disso é que alguns deles têm até templo de veneração. "Em algumas regiões do sul e do norte da Índia, alguns atores possuem templos aonde os fãs vão para rezar por eles ou venerar sua imagem. São templos muito bem cuidados, limpos quase que diariamente e com imagens de cenas dos filmes que consagraram a pessoa em questão. Quando um desses artistas morre, alguns fanáticos chegam a cometer suicídio", conta Kapoor.

A palavra *deus* implica outros detalhes ainda mais curiosos. No hinduísmo – como também em muitas outras religiões –, deuses não são escolhidos para depois serem abandonados ou trocados por outros. Essa lógica se aplica ao cinema indiano; quando um espectador escolhe determinado ator, este será venerado pelo resto de sua vida, independentemente da possibilidade de abandonar a carreira ou se envolver em uma série de fracassos. "Quando se idolatra um ator, deve-se estar com ele em todos os seus filmes, o que significa que contratar um desses deuses para um filme pode ser caro, mas é garantia de alta bilheteria", afirma Kapoor.

Ele fez uma comparação curiosa entre o cinema indiano e o futebol brasileiro: "No Brasil, há intermináveis discussões entre amigos que torcem por times diferentes em mesas de bar, certo? Pois bem, em algumas regiões da Índia acontece o mesmo. Mas, em vez do fanatismo pelo futebol, existe o fanatismo pelo ator (ou atriz) idolatrado(a). Em outras palavras, se você é fã de Shahrukh Khan e eu sou fã de Aamir Khan, passaremos horas numa mesa de bar discutindo sobre as razões por que meu ator é melhor que o seu e vice-versa".

O professor Kishore Namit Kapoor, criador da Kishore Namit Kapoor Acting Institute. Foto: Franthiesco Ballerini

Não há duvida de que isso também tem implicações na bilheteria dos filmes – muito embora tal fanatismo em geral se dê em cidades menores, zonas rurais etc., ao passo que as classes média e alta indianas já abandonaram tais hábitos. Considerando-se o percurso das bilheterias para o mercado de DVDs, Kapoor afirma que até nas grandes metrópoles como Mumbai e Nova Déli a disputa entre os fãs é acirrada: "Quando o volume da venda de ingressos ou DVDs de um astro está menor que de outro, alguns fãs chegam a promover o filme para tentar 'ganhar' a disputa".

Mas há o lado cruel dessa história. Assim como na lógica dos deuses religiosos, não há espaço para todo mundo nesse seleto grupo. Ou seja, num mercado que movimenta cerca de mil filmes por ano, há literalmente centenas de milhares de atores e atrizes, mas se consegue contar em duas mãos quantos deles são astros realmente venerados. Voltando a fazer um paralelo com a religião, se um católico é devoto de São Francisco de Assis dificilmente será devoto de Santa Ifigênia, Santa Bárbara, São João Baptista etc. Dessa forma, seguir a carreira artística na Índia pode ser algo frustrante; porém, se o ator conseguir o bilhete premiado, pode garantir acesso direto ao paraíso.

Curiosamente, até as campanhas publicitárias contribuem para o endeusamento dos atores. Na Índia, durante todo o século XX, era muito comum encontrar outdoors gigantescos em cidades como Mumbai, Bangalore, Hyderabad, Kolkata e Chennai. Eram feitos à mão, ou seja, uma pintura enorme retratando o astro. Tal prática, embora pouco comum hoje, também fora adotada por políticos durante décadas, tamanha a sua eficiência.

Às vezes, a idolatria por determinado ator respeita divisões territoriais. Amitabh Bachchan e Rajesh Khanna estão entre os poucos que podem ser considerados deuses em todo o território indiano. O triângulo divino é formado pelos três Khan: Salman Khan, Aamir Khan e Shahrukh Khan, que também são populares em grande parte do país, mas na região Leste de Punjab são considerados apenas atores. Nessa região, os irmãos Sunny e Bobby Deol e o veterano Dharmendra são os verdadeiros deuses. Um filme como *Kis Kis Ki Kismat* (2004), que alguns críticos, como Derek Bose, consideram constrangedor, foi um sucesso de bilheteria naquela área simplesmente por ter no elenco Dharmendra, ao lado de Mallika Sherawat. Anil Kapoor, por exemplo, tem seus seguidores fiéis no Sul e na região da Grande Mumbai, porém no Norte as salas ficariam vazias se ele fosse o único atrativo. Entre as deusas, apenas Sridevi e Madhuri Dixit são consideradas divindades em todo o país, e seu posto está sendo disputado, ingresso por ingresso, entre as belíssimas Aishwarya Rai, Preity Zinta e Rani Mukherjee. Mas é bom que se diga que a idolatria dessas deusas não chega aos pés do poder de atração que exercem as divindades masculinas, e alguns especialistas dizem que elas ainda fazem pouca diferença na bilheteria de um filme. Isso explica o fato – ou talvez seja uma de suas consequências – de as heroínas terem papéis sempre menores que os heróis, exercendo apenas a função de "escada" para o papel masculino. É bom lembrar – como foi visto no capítulo anterior – que, na Índia, o cinema não era lugar de "mulheres de família", ideia que perdurou até praticamente a metade do século XX. No início da história cinematográfica do país, prostitutas e dançarinas eram chamadas para atuar em filmes. Demorou muito para que a carreira de atriz de cinema começasse a ser respeitada. Hoje, as deusas são imitadas pelas indianas e idolatradas a ponto de receberem em casa presentes diários.

Também se deve dizer que essas belas atrizes fazem pouco ou nenhum sucesso fora da Índia, ao contrário dos homens. Shahrukh Khan, por exemplo, é popular em muitas partes do planeta. Basta mencionar que seu filme *Asoka* (2001) não foi um grande sucesso de bilheteria na Índia, mas em compensação conquistou o mercado externo, especialmente de países como Paquistão, Rússia e Grécia. Para alguns, isso torna esse Khan a maior estrela de Bollywood do século XXI, até este final de primeira década. Inclusive, emprestou sua voz à animação hollywoodiana *Os Incríveis* (2004), na versão em híndi.

Quando se tem um deus no elenco de um filme, quase todo o resto é dispensável. Ou seja, tudo gira em torno desse ator e nem sempre são necessários um roteiro original, locações espetaculares ou coadjuvantes de peso. Um deus

O ator Shahrukh Khan.
Foto: Divulgação

movimenta o filme todo. Um exemplo é *Veer-Zaara* (2004), previsível até o último minuto, mas um sucesso de bilheteria graças à presença de dois deuses: Shahrukh Khan e Amitabh Bachchan. Já filmes sem deuses, como *Jism* (2003) e *Murder* (2004), têm de compensar essa ausência com altas doses de violência e sexo ou com a originalidade do roteiro.

Estrelas como essas dificilmente são acessíveis, mesmo para os jornalistas e programas de TV mais conceituados do mundo. A agenda deles é apertadíssima, cheia de compromissos por meses e meses, já que não só atuam em filmes, mas movimentam uma indústria ligada a apresentação de shows ao vivo, festivais, abertura de concertos musicais, propagandas etc.

Durante toda a minha estada na Índia, tentei agendar uma entrevista com Aamir Khan. Com o auxílio do amigo Ram Devineni, ligávamos cerca de cinco vezes por dia, todos os dias. O motivo de não termos conseguido falar com ele, em parte, explica-se pelo fato de até mesmo essas grandes estrelas ainda serem mal assessoradas em Bollywood. Os responsáveis pela publicidade estão muito aquém do profissionalismo visto em Hollywood, onde as entrevistas são prontamente agendadas – ou rejeitadas –, de acordo com o interesse da estrela. Em Bollywood, no entanto, são necessários alguns dias para que o agente descubra quem são os interessados e outros dias para saber onde trabalham. No nosso caso, quando o agente enfim entendeu a razão da entrevista, já era hora de partir.

Cena do filme *Chak De! India*, com Shahrukh Khan.
Foto: Divulgação

Se com Aamir Khan – que pessoalmente considero a estrela indiana mais importante, por razões que explicarei a seguir – eu não obtive sucesso, com Shahrukh Khan tive mais sorte. No dia em que visitamos o Yash Raj Studios, complexo de estúdios moderníssimos criado pelo produtor/mago de Bollywood Yash Raj, pude testemunhar um deus indiano em ação.

Num dos estúdios do complexo, localizado em uma região nobre de Mumbai, Shahrukh Khan gravava um clipe que daria início a um de seus novos filmes, ainda sem nome naquele momento, pois na Índia – como veremos – é comum que clipes sejam feitos antes mesmo de se pensar no roteiro do filme no qual serão inseridos.

Cerca de duzentas pessoas estavam dentro daquele estúdio. Todas a serviço de um só homem, ou melhor, deus: Shahrukh Khan. Em um palco cheio de efeitos visuais e com dançarinas belíssimas, a missão de Khan naquele dia era apenas gravar as sequências iniciais e finais do clipe. Você acha que os deuses atingiram seu posto pelo talento e trabalho duro? Nem sempre.

Durante os quase cinquenta minutos em que acompanhei Khan, que tinha de andar de um lado para o outro do palco, o diretor do clipe mandou-o refazer a cena umas cinco vezes, ora porque ele não estava olhando da maneira correta para a câmera, ora porque andou de forma errada. Tudo bem, não é fácil andar elegantemente e cantar ao mesmo tempo. Pelo menos esse não foi o caso do deus Khan, que não dispensou o *playback* em momento algum. Mas, afinal, existe alguma coisa que justifique sua divindade, já que ele não é considerado um galã nem mesmo pelos indianos? Pois Shahrukh Khan é baixinho, narigudo, artificialmente forte (ou seja, só é forte nos filmes), não chegando nem perto do patamar de beleza que a indústria exige para as mulheres, por exemplo. Os indianos, no entanto, sabem que o sucesso de Khan não reside na forma física: "Acontece que ele é carismático. Para ser um deus no cinema indiano, nenhum desses itens que você citou são vitais. Se você tem uma forte empatia com o público, isso dispensa até talento e beleza", explicou-me um funcionário-fã do ator durante as filmagens do clipe.

Shahrukh Khan fazia ali algo que tem se tornado muito comum na Índia: alugar um estúdio para produzir filmes e clipes. E isso não atrai apenas estrelas locais, mas ícones artísticos do planeta inteiro. A razão é muito simples: o custo. Em 2005, o custo de produção de meia hora de um programa nos Estados Unidos girava em torno de 250 mil dólares a 400 mil dólares. O mesmo material poderia ser produzido na Coreia do Sul por 150 mil dólares. Na Índia, esse valor não ultrapassa os 60 mil dólares. Os motivos são muito simples: o custo de mão de obra na Índia é praticamente insignificante. Alguns dos muitos empregados que estavam ao meu lado naquele estúdio ganhavam o necessário para comer e se transportar, nada mais. E se sentiam privilegiados por estarem lá, enquanto uma massa de milhões de indianos não consegue sair da linha da miséria. Outra razão é o baixo preço da infraestrutura e do sofisticado sistema de computação na Índia, que tem formado técnicos e especialistas em computação e efeitos digitais para o mercado exterior. O único grande rival da Índia nesse quesito é a China, mas até o momento esta vem perdendo apenas por que não tem tantos técnicos com inglês fluente quanto a Índia, e esse é um fator crucial para quem deseja sair de seu país e trabalhar em terras estrangeiras.

O Yash Raj Studios assemelha-se ao complexo da Rede Globo em Jacarepaguá, no Rio de Janeiro. Trata-se de um vasto terreno, com jardins e estúdios modernos onde são gravados diversos programas e filmes ao mesmo tempo. No dia em que acompanhei a gravação do clipe, um funcionário de Khan me contou que este havia alugado o estúdio para fazer a sequência musical de um filme que ainda nem havia sido criado. Quatrocentas pessoas estavam envolvidas no projeto, e metade estava presente naquele dia. Mais de vinte câmeras eram usadas para captar sequências simples, como um andar de passarela. No estúdio ao lado, uma empresa inglesa fotografava produtos para uma campanha publicitária que seria veiculada na Europa. "Algumas vezes, os responsáveis por um filme com produção reduzida preferem reservar suas finanças para que seja feito um trabalho de pós-produção caprichado, para que o filme pareça ser de alto orçamento. Eles recorrem a empresas como a nossa, que conta com equipamentos modernos para 'maquiar' o longa-metragem", contou-me o engenheiro de som Shantanu Hudlikar. No terceiro estúdio, o brasileiro Naná Vasconcelos havia terminado um trabalho de pós-produção de um disco recente, e naquele momento o lugar estava sendo ocupado por um cantor africano.

Além do Yash Raj Studios, outro grande complexo, inclusive mais antigo, é o Ramoji Rao Film City, localizado próximo a Hyderabad. Até 2003, era considerado o mais moderno estúdio da Índia, oferecendo aluguel de equipamentos, mão de obra, sets de filmagem e aparato de pós-produção para *blockbusters* de Hollywood como *Gladiador* (2000), filme que gastou uma quantia significativa em pós-produção na Índia e animou outros empresários a investirem em infraestruturas semelhantes.

Voltando à questão do peso dos atores na cadeia cinematográfica, ao longo da história de Bollywood não foram raros os momentos em que certos atores ou atrizes foram responsáveis pela manutenção de todo um estúdio. Na época da Segunda Guerra Mundial, quem sustentou o estúdio Bombay Talkies foi uma estrela chamada Leela Chitnis, que, ao lado de Ashok Kumar, garantiu o êxito de *Kangan* (1939), assegurando que o filme não só pagasse as dívidas do estúdio mas também rendesse uma fortuna. A química entre os atores era evidente, valendo mencionar que Leela não queria ficar à sombra de Ashok. "Havia uma competição secreta entre nós", disse a atriz em sua autobiografia, *Canderī Duniyeta*.

Até a chegada da Segunda Guerra Mundial, o dinheiro envolvido no mundo do cinema não era ilimitado – tampouco havia o monopólio do dinheiro sujo. Ruby Mayer era a atriz mais bem paga da Índia até então, e também a maior estrela do país. Ela ganhava em torno de cinco mil rupias por mês, numa época em que um filme completo custava cerca de quarenta mil rupias. Na década de 1930, a Índia tinha duas mil salas de cinema – número que países latino-americanos como o Brasil só foram alcançar depois dos anos 2000.

Ruby Mayer, no entanto, é representante de uma época em que o *star system* indiano ainda não estava completamente caracterizado, diferenciando-se do que é hoje. Apenas depois da Segunda Guerra Mundial as estrelas passaram a ser vistas como deuses, cujo número era bastante limitado. Dilip Kumar, Raj Kapoor e Dev Anand, todos com idades semelhantes, atuaram em alguns filmes de destaque e formaram, já em 1950, o que ficou conhecido como *Big Three of Bollywood* (algo como "Grande Trindade de Bollywood"), iniciando, de fato, essa nova era do cinema indiano. Vale lembrar que Ashok Kumar foi quem inaugurou essa fase, pouco tempo antes.

Enquanto o sistema dos estúdios não durou mais do que dois anos na Índia, o "sistema de divindades" persiste até hoje e não mostra nenhum sinal de mudança no futuro próximo. No final do século XX, a revista *Stardust* publicou uma lista das cem maiores estrelas de todos os tempos na Índia, e na capa estavam Dilip, Raj e Dev, que curiosamente nunca fizeram um filme juntos – apenas Raj com Dilip e este com Dev, nunca Dev com Raj nem os três juntos.

No gênero da comédia, uma das grandes estrelas foi Kishore Kumar. Inteligentíssimo, falava diversas línguas, cantava, compunha, dirigia e produzia. Era um dos deuses mais adorados nos anos 1970, mas uma fatalidade política abalou sua carreira.

Em dezembro de 1975, seis meses depois de Indira Gandhi declarar estado de emergência no país, uma noite de gala foi organizada em Nova Déli, contando com a presença de estrelas do cinema para divulgar os seis pontos principais do plano de Indira. Astros e estrelas foram convidados (intimados) a comparecer para cantar, dançar e falar de política. Kishore Kumar também fora chamado, mas não compareceu nem avisou ninguém sobre sua ausência. Como ele era uma das divindades da época, o público ficou desanimado e respondeu mal ao evento. As consequências para a carreira de Kumar foram as piores possíveis. Poucos dias depois, suas músicas foram banidas das rádios indianas e da televisão. A explicação oficial do ocorrido era que suas músicas eram obscenas. Como resultado, nenhuma música dele foi tocada até o fim do governo de Indira Gandhi, sendo a primeira ocasião em que um deus perdeu seu brilho e sua força perante o público.

O "sistema de divindades" também funcionava para as mulheres, mas de modo bastante singular. As atrizes eram vistas como figuras divinas e fortes e, ao mesmo tempo, tratadas como posses, pelo menos até a primeira metade do século XX, embora isso persista em algumas regiões mais atrasadas do país. Curiosamente, entre os anos 1930 e 1940 quem dominava as telas de cinema eram as deusas indianas, ofuscando inclusive as estrelas masculinas. Isso nunca mais se repetiu em Bollywood, e o fato se torna ainda mais curioso quando consideramos que esse predomínio ocorreu apenas uma década depois de uma época na qual nenhum diretor conseguia achar mulheres que aceitassem atuar no cinema, usando homens para papéis femininos, como já foi citado.

Uma das grandes atrizes desse período foi Nadia – conhecida também como *Fearless Nadia* ("Nadia Destemida"). Embora só tenha sido reconhecida como estrela após vários anos, quando atingiu esse status conseguiu levar multidões para os cinemas indianos e de Beirute, Atenas, Cidade do Cabo e Nairóbi. Em 1993, o Festival de Berlim exibiu o documentário *Fearless: The Hunterwali Story*, do mesmo ano, sobre a carreira da atriz. Nadia era a única atriz branca de Bollywood naquele momento; posteriormente, juntou-se a ela a judia Ermeline, também branca, que se destacou com grande brilho.

A divindade feminina do momento é Aishwarya Rai, ex-Miss Mundo (1994) que se tornou, por isso, rainha de Bollywood. Considerada uma das mulheres mais bonitas de todos os concursos para miss, ela atuou em filmes como *Provoked: A True Story* (2006), em inglês, e, dois anos antes, em 2004, na versão indiana de *Pride & Prejudice* (*Orgulho e Preconceito*), que em Bollywood se chamou *Bride & Prejudice* (*Noiva e Preconceito*). O filme obteve lucro de 400%, especialmente porque também atingiu o mercado norte-americano.

No universo masculino, o sistema de divindades de Bollywood mudou drasticamente com a chegada de um homem. Em 1969, um rapaz alto, com aspecto invocado, 27 anos, chegou a Mumbai determinado a ser um dos deuses bollywoodianos. Quatro anos depois, com o filme *Zanjeer* (1973), ele já se tornara uma estrela; faltava pouco para ser um deus. Esse

A atriz "Fearless Nadia" em cena de *Lutaru Lalna*, de 1938.
Fonte: *Bollywood unplugged*, p. 44.

rapaz se chamava Amitabh Bachchan, hoje um veterano cuja importância para Bollywood pode ser comparada à de Al Pacino para Hollywood (e não é que os dois se parecem um pouco?).

Bachchan acabou com a trindade divina até então dominante em Bollywood. O curioso é que era muito improvável que esse rapaz, sem nenhuma formação artística ou mesmo uma educação básica, se tornasse um grande astro. Quando chegou a Mumbai, ninguém apostava nele. Mas ele conseguiu se posicionar estrategicamente numa espécie de vácuo artístico. Amitabh não fazia o estilo "herói romântico", como os atores da trindade divina. Seu tipo era durão, destemido, até mesmo um pouco mal-humorado. O resultado foi a transformação desse até então improvável ator em uma divindade e um modelo para qualquer homem indiano. A seu favor, o fato de que nada em sua vida pessoal pode ser considerado polêmico ou incorreto. Em seu currículo, existe apenas uma mancha: o escândalo de Bofors.

Entre 1984 e 1987, Amitabh se afastou da vida artística para apoiar a carreira política de um amigo, Rajiv Ghandi. Este se tornou um dos candidatos a primeiro-ministro mais votados da história da Índia, mas não terminou seu mandato por conta de um escândalo de corrupção considerado o maior esquema político envolvendo dinheiro sujo da história indiana, com subornos que teriam sido feitos para a compra de armas suecas. Descobriu-se, posteriormente, que todo o constrangimento ao qual Bachchan fora submetido não tinha nenhum fundamento, e ele foi inocentado de todas as acusações. O astro chegou a processar o jornal *India Abroad*, mas quando soube que seu amigo Rajiv havia sido assassinado desistiu do caso e abandonou a política. Ficou cinco anos fora dos cinemas, entre 1990 e 1995, algo de que se arrepende até hoje. Quando voltou, tentou modernizar Bollywood de acordo com a lógica de funcionamento de mercado que impera em Hollywood. Todavia, com o "auxílio" de péssimos empresários, quase faliu, voltando então a ser um mero ator, ou melhor, um deus para os indianos.

O astro Amitabh Bachchan (à esquerda), um dos ídolos de Bollywood, no filme *Khakee* (1994).
Fonte: *Bollywood unplugged*, p. 35.

Até hoje, Bachchan é um dos atores mais bem pagos da Índia. Para cada fil-

Amitabh Bachchan (à direita), no filme *Don* (1978).
Fonte: *Bollywood unplugged*, p. 35.

me que faz, ganha em torno de cinquenta milhões de rupias. Se quiserem que cante, o salário deve ser aumentado em 20%. Dos setenta filmes que fez entre 1973 e 1984 (isso mesmo, setenta!), apenas três foram um fracasso – todos os outros não só recuperaram os custos de produção, como foram sucessos estrondosos. Em 1984, uma pesquisa mostrou que, dentre os cinquenta filmes de maior lucratividade da história de Bollywood, 40% deles tinham Bachchan no elenco. Em outras palavras, ele era uma indústria de um só homem.

Se *Mother India* (1957) e *Mughal-E-Azam* (1960) foram filmes que marcaram a história de Bollywood nos anos 1950 e 1960, *Sholay* (1975) é considerado até hoje o filme mais memorável do cinema indiano, levando-o a um novo patamar. Como já se pode imaginar, Bachchan fazia parte do elenco. A história, envolvendo um policial em busca de vingança pela morte de sua família em consequência da ação de bandidos, quebrou todos os recordes de bilheteria e ficou em cartaz por incríveis 286 semanas. Faturou nada menos que sessenta milhões de dólares – um valor estrondoso para os padrões indianos – e foi considerado o filme do milênio pela BBC indiana. Esse valor só foi ultrapassado em 1994, com o filme *Hum Aapke Hain Koun...!*, estrelado por Salman Khan.

Sholay também elevou ao status divino a atriz Hema Malini, cujo charme garantiu a ela dezenas de prêmios – e, dizem, de homens que caíram aos seus pés. Hoje, faz apenas participações especiais no cinema, pois se dedica a causas humanitárias na Índia.

Bachchan fazia o estilo "destemido motorizado", sempre aparecendo em cenas nas quais dirigia um carro em alta velocidade e se envolvia em arriscadas missões para salvar a heroína ou os amigos. Curiosamente, nessa época (anos 1980), havia apenas dois tipos de carro disponíveis no país. Um deles era o Hindustan Ambassador, produzido na Índia por uma empresa que forneceu apoio financeiro a Mahatma Gandhi em sua campanha pela independência. O

Hema Malini em *Sholay* (1975), grande sucesso do cinema indiano. À direita, Amitabh Bachchan.
Fonte: *Bollywood unplugged*, p. 96.

outro era um modelo de 1960 da Fiat. Num país à época com quase um bilhão de habitantes, a demanda por carros era enorme e a lista de interessados na aquisição de um Fiat era tão longa que a espera podia durar catorze anos. Carros usados eram caríssimos por conta dessa interminável demora.

Nessa época, apenas um ator apresentava uma ascensão tão rápida quanto a de Bachchan. Era Rajesh Khanna, cujo charme causava histeria entre as indianas – era quase um deus. Mas, por volta de 1977, enquanto Bachchan já desfrutava de seu status divino, a carreira de Khanna ruía. Diz a lenda que um dia ele subiu no terraço de sua casa, debaixo de uma chuva torrencial, e perguntou a Deus se ele estava testando sua paciência. Rajesh ainda conseguiu certo sucesso até os anos 1990, mas nada que se comparasse com o fenômeno que fora até 1975, razão pela qual seu ego inflado simplesmente não conseguia apoio emocional após tamanha perda de prestígio.

Enquanto Bachchan era a imagem do astro de pouca formação artística e educacional que conquistou a fama com um jeito de mocinho bom no gatilho, nos últimos anos do século XX um novo estilo de estrela surgia nos céus de Bollywood. Ascendia ao status divino um ator de boa formação intelectual e fortemente comprometido com um cinema artístico e de entretenimento que rompesse com as velhas fórmulas. Esse ator se chamava Aamir Khan. Seu nome (*Aamir*) significa "aquele que lidera". Desde pequeno, liderava os grupos de escola em peças de teatro e se irritava com os pais quando eles tentavam ajudá-lo em alguma tarefa. Leitor voraz, fez o que pouquíssimos astros indianos fazem, ainda hoje: buscar uma formação cultural e educacional sólida, incluindo conhecimentos não só sobre a história do próprio país, mas sobre a cultura do mundo todo. Aos 17 anos, decidiu ir a Puna para estudar cinema e se tornar diretor, apesar da opinião fortemente contrária dos pais, que ironicamente são também profissionais do cinema. Em 1984, no filme *Holi*, atuou pela primeira vez já adulto, participando posteriormente de filmes como *Raakh* (1989). Seu primeiro grande sucesso, no entanto, foi *Qayamat Se Qayamat Tak* (1988), inspirado em *Romeu e Julieta*, que quebrou todos os recordes de bilheteria e fez que Shahrukh Khan também quisesse seguir a carreira de ator. Uma parte do sucesso se deu também porque o próprio Aamir Khan vivera uma espécie de amor impossível (por diferenças religiosas entre as famílias) ao se apaixonar pela atriz Reena Datta, com quem foi casado até 2002 e teve dois filhos. O filme foi lançado numa época em que Bollywood parecia sucumbir ao fracasso financeiro.

Foi também no ano de 1988 que a Índia viu um deus, supostamente imortal, falecer – processo que foi em parte televisionado. Na noite de 2 de maio daquele ano, Raj Kapoor foi ao Siri Fort Auditorium, em Nova Déli, para receber um prêmio das mãos do Presidente da República. No momento de receber a estatueta, o ator teve um ataque asmático. Ele se levantou, inclinou-se para a frente e caiu. O evento foi transmitido para todo o país, e algumas pessoas pensaram que ele estava fingindo estar bêbado. Raj se levantou com a ajuda de sua mulher, cumprimentou o presidente e caiu de novo. A cerimônia do XV Festival Nacional de Cinema foi interrompida bruscamente, pois Raj teve de ser levado às pressas ao hospital, onde entrou em coma e morreu exatamente um mês depois, no dia 2 de junho.

Pode-se dizer que o que Amitabh Bachchan não conseguiu Aamir Khan implementou. Passado o trauma da perda de Raj Kapoor, o novo astro começou a fazer reformas no esquema de produção bollywoodiano. Um exemplo: até então, os atores faziam dezenas de filmes por ano para garantir sua subsistência e torciam para que pelo menos um deles fosse finalizado e se tornasse um grande sucesso. Aamir, ao contrário, decidiu fazer um filme de cada vez. Resultado: em pouco mais de quinze anos, ele fez apenas vinte filmes, sendo que doze deles foram um sucesso de bilheteria. Isso porque vendeu ao público a ideia de que a cada vez que ele aparecesse nas telas algo especial aconteceria – uma expectativa semelhante à que existe em relação aos filmes estrelados por Al Pacino ou Julia Roberts, por exemplo.

Isso não quer dizer que Aamir Khan tenha sido ovacionado por essa decisão. Em um de seus filmes, ele questionou o diretor, alegando que as falas dadas a ele não eram apropriadas. Também não foi uma atitude popular pedir a Mahesh Bhatt que desistisse de dirigir o filme *Ghulam* (1998) já que ele estava tão envolvido em outros projetos que dirigia o filme em questão por telefone.

Diretores e produtores se enfureciam com Aamir quando ele manifestava o desejo de refazer cenas e repensar partes do roteiro. Nos anos 1990, seu filme de maior destaque foi *Earth* (1998), da diretora Deepa Mehta, que dois anos antes tocara no assunto do lesbianismo no filme *Fire*, razão que explica o choque do público quando Aamir decidiu se juntar a ela. Para quebrar ainda mais as convenções, o já deus Aamir não fazia o papel de um herói típico, mas deu vida a um personagem com muitas características detestáveis, o que também causou certo estranhamento na audiência. O longa-metragem, porém, foi um grande sucesso de público.

Mas o filme que fez que Aamir Khan ganhasse o status de deus número um da Índia – superando, finalmente, os outros dois Khans, Salman e Shahrukh – foi *Lagaan* (2001). A história de um jogo de críquete entre indianos e colonizadores britânicos levou Bollywood a cruzar fronteiras até então inimagináveis – o que resultou em uma indicação ao Oscar de melhor filme estrangeiro. Dirigido por Ashutosh Gowariker e produzido por Khan – que também participou da elaboração do roteiro e da escalação do elenco – *Lagaan* importou atores diretamente da Inglaterra para interpretar os britânicos. E, pela primeira vez, os ocidentais não criticaram o funcionamento da máquina cinematográfica do país, já que as filmagens foram feitas nos dias previstos e eles foram pagos de acordo com o combinado. E Khan fez questão de que todos os envolvidos na produção estivessem trabalhando apenas naquele filme. Quem não concordasse deveria deixar o projeto. Foi assim que um *blockbuster* como esse foi concluído em tempo recorde, após apenas seis meses de seu início. Ganhador de quinze grandes prêmios nacionais – como o Filmfare Award e o National Award –, *Lagaan* encheu 29 salas de cinema britânicas e, em grande estilo, foi indicado ao Oscar.

Em 2005, Aamir Khan participou do filme *The Rising: Ballad of Mangal Pandey*, considerado o longa-metragem mais caro já produzido na Índia, com custo de 6,5 milhões de libras. Não chegou a arrecadar uma fortuna, sendo um êxito menor na carreira do ator. Além disso, foi criticado pelos britânicos, que alegavam que o filme distorcia a história e os transformava em selvagens.

Num dos poucos momentos de folga em Mumbai, resolvi ir ao cinema assistir a *Taare Zameen Par* (2007), o hit do momento de Aamir. Mesmo estando em cartaz já há alguns meses, o filme ainda conseguia uma sala relativamente cheia e provocou um festival de lágrimas. A história de um garoto disléxico que recebe ajuda de seu professor (Aamir) representa um tema ousado – já que não inclui heroínas e aborda um problema social –, mas o capricho na trilha sonora e a presença do deus Aamir lhe garantiram prêmios e público. Não se pode negar que o próprio roteiro foi um atrativo, o que demonstra o interesse do indiano por produtos mais bem elaborados e que fujam às fórmulas convencionais.

Shahrukh Khan foi para Bollywood um ano depois de Aamir. Assim como ele, é um muçulmano casado com uma hindu. É considerado o novo Bachchan; atuou em mais de sessenta filmes, produziu seis, ganhou treze prêmios Filmfare. Seus dois maiores sucessos foram *Devdas* (2002) e *Paheli* (2005).

Para não deixar de lado o terceiro e menos mencionado Khan, Salman Khan, vale dizer que ele sempre fez o estilo *bad boy*. Egocêntrico e vaidoso ao extremo, é tido como antipático por aqueles que não estão entre seus adoradores. Tornou-se famoso por arrancar a camisa sob qualquer pretexto, para mostrar o corpo; já trabalhou em mais de setenta filmes. Tem uma legião de adoradores, mas até os sites feitos por eles dizem que Salman tem uma personalidade forte e imprevisível e é mal-humorado.

Sua vida pessoal não está tão distante dessa imagem negativa. Em 2002, ele foi preso por dirigir embriagado e matar uma pessoa, após atropelar moradores de rua. Salman fez grandes doações em dinheiro para a família do morto, porém o caso ainda está em julgamento. Em 2006, foi condenado a um ano de prisão por atirar em espécies em extinção, mas a Corte Suprema da Índia impediu que fosse para a cadeia. Entretanto, meses depois, no mesmo ano, repetiu a façanha e passou três dias preso.

Em outras palavras, Salman Khan e Shahrukh Khan representam o velho estilo de Bollywood, e apenas Aamir Khan investe em uma nova face do cinema indiano. Ambicioso, é capaz de convencer multidões a acreditarem em suas ideias. Em um dia de filmagem de *Lagaan*, ele chegava a comandar vinte mil figurantes, que prestavam atenção ao canto e às orientações do astro.

Aamir Khan tem ajudado a quebrar um perfil de personagem que foi muito marcante no cinema indiano durante todo o século XX, uma espécie de fórmula para a criação dos protagonistas que se repetia em praticamente todos os filmes. Por exemplo, o herói sempre deveria ser um homem bom, forte e de caráter, o filho, irmão, namorado ou marido perfeito. Embora no começo do cinema esse herói fosse mais romântico, ao longo do tempo passou a ter atitudes que justificassem as cenas de ação, embora ainda mantendo a boa índole. Era possível até classificá-los, aplicando-lhes rótulos: o romântico e sensível (Dilip Kumar, Rakesh Khanna, Raj Kapoor), o rebelde (Shammi Kapoor), o jovem destemido (Amitabh Bachchan) ou o dançarino de primeira (Govinda, Rishi Kapoor).

O papel da heroína, no entanto, ainda não passou por grande mudança. As personagens permanecem virginais e submissas ao herói, sendo capazes de passar pelos maiores sofrimentos em prol do bem-estar da família. Apenas de vez em quando a heroína se enfurece, caso seus valores sejam ameaçados. Fisicamente, as candidatas a heroínas – e possivelmente deusas – em geral ainda devem ter pele mais clara, olhos verdes e cabelos lisos e longos; sua postura deve ser extremamente sexy, sem, no entanto, tornar-se vulgar.

A imagem do vilão sofreu alterações mais evidentes no decorrer dos anos. Com o maior número de histórias centradas em espaços urbanos, o vilão passou do cruel dono de terras para o terrorista, o político corrupto ou o gângster – é o homem que molesta a heroína ou ameaça a nação. K. N. Singh, Prem Chopra, Amrish Puri e Danny Denzongpa são exemplos de atores que interpretaram vilões que deram certo no cinema indiano.

Bons ou maus, belos ou feios, todos os atores e atrizes de Bollywood têm um objetivo em comum: todos querem ser deuses. Contudo, estando o cinema indiano em plena transição, um fator até pouco tempo inexistente vem se tornando a chave para o estrelato e a ascensão ao status divino: a necessidade de ser, de fato, um bom ator. O espectador tem começado a exigir não só beleza e carisma, mas também talento, e isso está revolucionando a nova geração de atores do país, o que será discutido no próximo capítulo.

8º e 9º dia

Lágrimas de glicerina

Eu estava havia pouco mais de uma semana em Mumbai e já fizera diversas descobertas fascinantes sobre o mundo de Bollywood. Certa noite, ao voltar para o hotel após um longo dia de entrevistas, uma ideia começou a me intrigar. Afinal, por que tantos detalhes relacionados a uma indústria cinematográfica nem sempre transparecem no produto final, ou seja, nos filmes? Será que um espectador não familiarizado com essa estética sentiria o mesmo fascínio que um indiano ao ver um filme de Bollywood?

Enquanto eu estava parado, dentro de um riquixá, no trânsito das caóticas e apertadas ruas da cidade rumo ao hotel, lembrei-me de quando assisti a alguns filmes bollywoodianos ao lado de amigos e da minha mulher. Eram filmes importantes, de grande bilheteria e aplaudidos pela crítica indiana. Ainda assim, a reação ao meu redor não foi das mais positivas: "Como eles são melodramáticos!"; "Pra que tanta música?"; "As histórias se assemelham muito".

No dia seguinte, comecei a correr atrás de respostas e justificativas para as impressões que colhi no Ocidente. Pude conhecer, ao lado do amigo Ram e da atriz brasileira Beatriz Seigne-Martin, uma escola de atuação das mais renomadas de Mumbai, o Kishore Namit Kapoor Acting Institute. Estava bem cedo quando chegamos ao local, numa rua de terra e ao lado de um terreno baldio. Enquanto bebíamos o *chai* carinhosamente oferecido pelos funcionários que abriram a escola, os alunos começaram a chegar e a se preparar para um dia inteiro de aulas. Pouco tempo depois, o próprio Kishore Namit Kapoor, ex-produtor, ator e criador do instituto, chegou também para nos recepcionar.

Primeiramente, acompanhei uma aula de luta, pois a grande maioria dos filmes de Bollywood apresenta cenas de batalha e é imprescindível que os atores indianos saibam os conceitos básicos das artes marciais e lutas de rua. Para minha surpresa, havia também um número significativo de mulheres tendo essa mesma aula, e os alunos estavam empenhadíssimos em aprender os golpes e movimentos corretos.

Trata-se de um aprendizado penoso. O professor, inteiramente molhado de suor, explica algumas táticas e movimentos para os alunos. Eles repetem tudo com gritos e caretas e aplaudem os colegas mais bem-sucedidos no exercício.

Logo em seguida, acompanhei a aula de dança. Os estudantes estão igualmente divididos entre alunos e alunas, já que dançar também é um pré-requisito para a classe artística que deseja atingir o estrelato em Bollywood. Apesar da falta de ritmo de alguns, a grande maioria parece ter nascido dançando e aprende rapidamente todas as lições dadas pelo professor.

Aulas de luta (acima) e dança (abaixo) no Kishore Namit Kapoor Acting Institute, uma das mais renomadas escolas de preparação de atores de Mumbai.
Foto: Franthiesco Ballerini

Mas somente na aula seguinte começaram a surgir algumas respostas para as indagações que vieram do Brasil. Era a aula de expressões faciais. O professor pedia aos alunos que fizessem expressões para cenas de morte, alegria, comédia, vingança etc. Absolutamente todos os alunos faziam caras e bocas extremamente exageradas. O similar mais próximo que os ocidentais podem encontrar são os dramalhões típicos das telenovelas mexicanas. Todos usam as mesmas expressões, o que impede a impressão de veracidade dos sentimentos ou a diferenciação entre eles. "Em Bollywood, 55% da atuação é linguagem corporal, e o rosto é mil vezes amplificado", explica Kapoor.

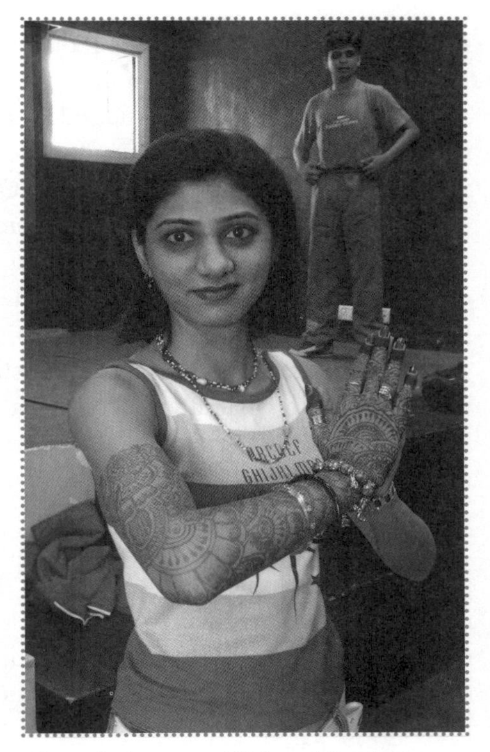

Aluna de dança no Kishore Namit Kapoor Acting Institute.
Foto: Franthiesco Ballerini

Como os cineastas de Bollywood mais avessos ao exagero fazem para driblar essa convenção? Muitas vezes, investem em figurino e numa boa montagem, elementos que disfarçam a homogeneidade da atuação. A homogeneidade persiste, porém, porque até as escolas de vanguarda, como a de Kapoor, ainda ensinam essa técnica de atuação. Ou seja, as expressões forçadas e melodramáticas são passadas de geração para geração.

Depois da aula de expressões faciais, conversei com alguns alunos a respeito dessas e de outras curiosidades. Todos dizem adorar a vida artística, mas reconhecem que é quase impossível se tornar um astro no cinema indiano. "A competição é enorme, por isso nossos pais não nos incentivam a virar atores, mesmo vivendo no país do cinema. Alguns astros nem mesmo são bonitos, valem-se apenas do forte carisma", comenta a aluna Kanak Khanna. Com relação à atuação exagerada, o aluno Tapan Prabhakan acredita que isso está mudando, mas explica o motivo de sua permanência: "Os filmes indianos em geral se concentram na emoção humana, por isso somos treinados para exacerbá-la. Mas a atuação está se tornando cada vez mais realista, felizmente".

Apesar da atuação homogênea, o aluno Aryaman Sapru argumenta que os atores de Bollywood são mais bem treinados que os de Hollywood, "simplesmente porque os atores recebem o roteiro quinze minutos antes de o filme ser rodado; a organização de um filme é tão caótica que temos de terminá-lo muito rapidamente. Isso está mudando, embora 90% das produções ainda sigam esse estilo". Kishore Kapoor endossa esse ponto de vista: "Os atores às vezes vão para o set sem saber o que dizer. Os produtores podem até decidir o final do filme ali mesmo, durante a filmagem. Isso acontece sempre. É por isso que muitas vezes os atores não conseguem ter empatia com o público: a emoção e o personagem parecem artificiais nas telas".

Essa é uma das razões pelas quais, na Índia, não existe gente comum em papéis de figuração, ou seja, um taxista fazendo uma ponta como taxista ou um comerciante vivendo um comerciante, muito menos em papéis principais. Isso porque não há tempo hábil para preparar os não-atores, pois as filmagens, além de caóticas, acontecem de forma quase instantânea, como vimos neste capítulo e nos anteriores.

Ainda não são predominantes as audições e os testes para os filmes. E por razões muito simples: quando se tem dinheiro para escalar um deus ou uma deusa como protagonista, o resto do elenco é o que menos importa. Em geral, os produtores e diretores escolhem atores visitando escolas como a de Kapoor ou preferem pessoas já conhecidas, que já visitaram o set ou participaram de filmes da empresa.

Kapoor conta ainda que a maior dificuldade dos alunos quando chegam à escola é aprender a fazer comédia, precisamente porque, embora esteja praticamente no sangue a habilidade de fazer caras e bocas melodramáticas, o mesmo não acontece com a capacidade de provocar o riso. "Chorar é muito fácil, o difícil é fazer rir."

Na realidade, chorar também não é tão fácil, razão pela qual até os atores divinos apelam para as "lágrimas de glicerina", nome dado para os produtos à base de glicerina que, colocados abaixo do olho, estimulam a produção de lágrimas. Quanto aos diálogos, prevalece até hoje o tipo de atuação dramática associado ao linguajar das cortes. Por isso, em muitos filmes os atores parecem não estar conversando, e sim discursando, e suas falas são sempre floreadas, como se tivessem sido extraídas de uma carta de amor. É o tipo de atuação por vezes encontrado no teatro mas que não funciona no cinema pela falta de realismo, dando a sensação ao espectador de que o mundo em volta parou para aquelas duas pessoas começarem a conversar. Tamanha pomposidade nos discursos não os engrandece; ao contrário, enfraquece-os, torna-os repetitivos e homogêneos.

É importante ressaltar, já que Kapoor mencionou a comédia, que a divisão em gêneros cinematográficos foi algo que aconteceu em Hollywood e se espalhou por grande parte do mundo ocidental, não atingindo porém o cinema indiano. Um dos gêneros – se é que se pode dizer assim – existentes na Índia corresponde ao que se chama filme-massala. A massala é um tempero indiano que consiste na mistura de vários ingredientes e é usada para dar sabor a pratos de diversas partes do país. O filme-massala tem uma característica parecida, ou seja, a mistura de todos os gêneros cinematográficos, com o objetivo de atingir um público em larga escala. Assim, o mesmo filme pode ter cenas de ação, comédia, drama, música, suspense etc. Esse estilo – cujo auge ocorreu entre 1970 e 1980 – pode parecer um pouco estranho para os ocidentais, mas foi ele que consagrou muitos diretores e atores, como Amitabh Bachchan. "É preciso colocar um pouco de cada ingrediente para alcançar o máximo possível de pessoas. Isso deriva em parte das artes performáticas de séculos atrás. Os atores eram itinerantes e encontravam públicos que queriam diferentes tipos de espetáculo nas diversas regiões por onde passavam. Dessa forma, criaram um tipo de atuação que procurava englobar todos os gostos. O cinema seguiu essa tradição, de forma que o espectador, num mesmo filme, ri, chora, canta, bate os pés no ritmo da música e fica apreensivo durante pelo menos uma cena. Por muito tempo acreditou-se que, se não houvesse tudo isso num só filme, estaria faltando alguma coisa", explicou-me Shyam Benegal.

Apenas para citar um exemplo dessa questão dos gêneros no cinema indiano, vale mencionar a baixíssima produção de comédias – ou melhor, de filmes com o único intuito de fazer rir. Pode ser que a causa seja uma dificuldade típica dos atores indianos, como Kapoor mencionou, mas esse quadro também pode indicar que eles nunca se preocuparam em fazer filmes que tivessem apenas esse intuito, já que em grande parte dos produtos há uma ou outra cena destinada a provocar o riso no espectador por meio de alguma trapalhada do amigo do herói, que sempre corresponde ao papel cômico do filme, como vimos no capítulo anterior. Ainda assim, a falta de comédias em Bollywood pode ter outra razão. Em muitos cinemas regionais, o riso é causado graças à sátira a alguma especificidade cultural local. Como Bollywood tenta abranger o maior público possível, as especificidades culturais são deixadas de lado, pois não fariam efeito em todo o território indiano, assim como no mercado internacional.

A homogeneidade da atuação no cinema não reflete a riqueza literária e cultural da Índia. A tradição artística indiana remonta ao ano 200 a.C., data em que provavelmente foi escrita a obra *Natya Shastra* (*Manual das Artes Dramáticas*), um dos mais antigos textos sobre o trabalho do ator e a dramaturgia clássica, abrangendo a dança e a música clássica, dois elementos fundamentais da atuação segundo a cultura indiana. Escrito em sânscrito, o texto tem 36 capítulos e seis mil versos, sendo uma parte escrita em prosa. Alguns estudiosos acreditam que a obra tenha sido composta por diversos autores ao longo dos anos. Quanto ao papel cômico, por exemplo, existe no *Natya Shastra* o *hasya* ou *vidushak* (comediante), um representante das classes artísticas, presente no teatro clássico, mas ele não é apresentado sozinho, separadamente de outros elementos artísticos. Em outras palavras, Bollywood ainda não tirou proveito do fato de que os indianos gostam de rir de si mesmos e sabem como fazer isso. No cinema, até pouco tempo parecia que os atores precisavam ser sempre sérios para que fossem considerados bons. Isso vem mudando, mas até então a comédia era considerada frívola, e nenhum ator ousaria se especializar nessa área, pois não seria considerado profissional.

O filme tido por alguns críticos indianos como o mais engraçado dos últimos cinquenta anos é *Padosan*, que contou com a participação da mulher de Dilip Kumar, Saira Banu. Lançado em 1968, foi protagonizado por Kishore Kumar. É um dos poucos casos do cinema indiano em que o personagem principal é também o elemento cômico da história. Por causa desse filme, Kishore foi considerado o Walter Matthau ou Jack Lemon indiano. Ele representava a possibilidade de a comédia finalmente ganhar espaço em Bollywood. O problema é que Kishore também compunha, dirigia e cantava, e atuar era uma de suas menores preocupações. Dez anos antes, ele havia feito um musical com forte apelo cômico, *Chalti Ka Naam Gaadi* (1958), ao lado de seus irmãos Ashok e Anoop. O filme acabou sendo mais apreciado pelas canções de Kishore do que pela comédia – considerada refinada para a época. *Padosan* marcou também o declínio da carreira de Kishore, que tinha uma vida pessoal complicadíssima. Divorciou-se da primeira mulher, ficou viúvo da segunda e casou-se com uma terceira, Yogeeta Bali – a união durou apenas um mês (diziam os tabloides que o casamento terminou porque Kishore não a deixava usar o mesmo banheiro que ele). Casou-se pela quarta vez, com Leena Chandavarkar, dois anos mais velha que seu filho Amit. Na porta de casa, ele havia colocado um bilhete que dizia: "Esta é a casa de um louco". Geralmente falava com as árvores de seu jardim, nomeando cada uma delas. Escondia-se das visitas e dizia ao telefone, até para os irmãos, que Kishore (ele mesmo) estava ausente no momento. Em outras palavras, um dos maiores potenciais cômicos de Bollywood acabou não se desenvolvendo.

Saindo do universo da comédia e voltando à escola de Kapoor, após todo o aprendizado de dança, música e interpretação, seus alunos passarão por uma via-crúcis quando se formarem. Irão pessoalmente aos sets de filmagem dos filmes que estiverem sendo rodados na região de Mumbai para começarem como figurantes, quem sabe em papéis que sirvam de escada para o protagonista. Se um ou outro, pela beleza ou pelo carisma, conseguir um papel de destaque, talvez possa chegar próximo do estrelato. E nesse momento o talento poderá fazer a diferença, de acordo com a nova fase de Bollywood, em que atuações mais críveis se tornam cada vez mais necessárias.

Todavia, se os professores do Kishore Namit Kapoor Acting Institute não parecem muito atualizados nem comprometidos com as demandas dessa fase de transição, em outro centro de estudo, distante do primeiro, existe um celeiro de novidades, uma juventude que quer revolucionar o cinema indiano.

Fui conhecer a Whistling Woods International, considerada por alguns especialistas como a maior escola de cinema da Ásia. Ela fica na região conhecida como Film City (Cidade do Cinema), uma imensa área verde no subúrbio de Mumbai que serve de locação para inúmeros filmes. Do total de 1,5 quilômetro quadrado da Film City, 114 mil metros quadrados pertencem à escola, que ainda está em fase de implantação – os prédios destinados a pós-produção, animação e mixagem acabaram de ser concluídos, mas faltam o centro de pesquisa, o albergue e o centro de convivência, que ainda não saíram do papel. A estrutura já tinha custado, até então, dezoito milhões de dólares, valor irrisório para os padrões mundiais.

Entrada da Whistling Woods International, uma das maiores escolas de cinema da Ásia.

Foto: Franthiesco Ballerini

Quando lá cheguei, em janeiro de 2008, a escola existia há apenas dezoito meses e 15% do corpo discente já era formado por alunos estrangeiros. Isso porque o curso, de dois anos, custa cerca de dois mil reais por mês, incluindo estada, alimentação e aulas, uma das mensalidades mais baixas entre as grandes escolas de cinema do mundo. Com 220 estudantes (50% da capacidade), a escola já começa a fazer parcerias com grandes estúdios internacionais para a produção de *reality shows* com o auxílio dos equipamentos novíssimos e dos recém-formados (mão de obra barata e ávida por trabalho). Como se trata de uma instituição internacional, todas as aulas são dadas em inglês, e os alunos se especializam como atores, diretores, editores de som, animadores, produtores etc. E, enquanto nos Estados Unidos uma escola como essa leva os recém-for-

Estúdio da Whistling Woods International.
Foto: Franthiesco Ballerini

mados à base do mercado de trabalho, na Índia esses profissionais especializados entram diretamente no topo da pirâmide, com os melhores salários e fazendo os melhores produtos.

O que chama atenção na Whistling Woods – além do "cheiro de novo" em todos os departamentos – é a infraestrutura, bem como a quantidade de empregados. Vale lembrar que a mão de obra na Índia é extremamente barata, então montar e desmontar cenários todos os dias custa muito pouco por lá. Além disso, ao contrário de algumas escolas europeias e latino-americanas, o estudo é voltado para o mercado, embora o aluno tenha liberdade para fazer um trabalho mais artístico e autoral. Essa, no entanto, não é a prioridade. O que se espera é que todos os estudantes saibam lidar com as pressões do mercado, por isso recebem um orçamento inicial para que façam seus projetos cinematográficos. Se gastarem mais, receberão notas baixas; se ficarem dentro do orçamento, ganharão notas melhores. "Na Índia, temos de preparar os alunos para que comecem a carreira no topo da pirâmide cinematográfica, porque na base não se paga praticamente nada. Nosso desafio é ensinar aos alunos como desenvolver bem os personagens que eles querem interpretar ou o trabalho de direção, pois muitos já chegam com certos preconceitos, imaginando que não precisam aprender esse tipo de coisa, embora isso seja o elemento básico de um bom filme; é como o conceito de gravidade para um astronauta", disse-me o então diretor da escola, Kurt Inderbitzin, que se mudou, com a família, dos Estados Unidos para Mumbai por conta do *boom* econômico da Índia, seguido pelas mudanças estruturais do sistema de produção de Bollywood.

Crise de roteiros

A questão que mais aflige produtores indianos e, principalmente, professores e intelectuais de cinema é a chamada "crise de roteiros". Os filmes de Bollywood em geral seguem uma estrutura comum. Praticamente todo longa-metragem tem cerca de duas horas de duração, contando com um intervalo na metade. O filme inicia-se por uma sequência musical, que nem sempre tem a ver com o enredo. A cada vinte minutos, uma nova sequência de dança e canto é exibida. O mocinho quase invariavelmente luta para conquistar uma mocinha, sendo atrapalhado por um vilão. Temas sociais e políticos, como a pobreza extrema do país, são pouco explorados nas telas. Como resultado, ao longo dos anos o cinema de Bollywood se pasteurizou, tornando-se alvo fácil de estereótipos devido à homogeneização de seus roteiros. Isso não se aplica, no entanto, a todo o cinema indiano – mesmo em Bollywood há diretores que resistem a essa comercialização extrema e fogem da homogeneização. Porém, considerando-se as grandes bilheterias e os filmes mais falados dentro e fora do país, essa crise de roteiros é mais do que evidente.

Para agravar ainda mais a situação, o cinema indiano manteve durante décadas a tradição de fazer adaptações dos *blockbusters* de Hollywood. Bollywood já produziu versões de *Lolita, Hamlet, Rebecca*, obras clássicas da literatura ocidental que viraram sucessos de Hollywood. Um dos exemplos mais claros desse hábito é o filme *Bride & Prejudice* (*Noiva e Preconceito*), de 2004, a versão cinematográfica indiana de *Pride and Prejudice* (*Orgulho e Preconceito*), famosa obra de Jane Austen.

Durante o período de escrita deste livro, o estúdio norte-americano Warner Bros. deu entrada em um processo contra a empresa Mirchi Movies, localizada em Mumbai, por conta do filme *Hari Puttar: A Comedy of Terrors* (2008). O título indica uma óbvia inspiração na saga de Harry Potter, embora Hari seja um nome muito popular na Índia e Puttar signifique filho em punjabi. O mais curioso nesse caso, no entanto, é o fato de que o roteiro do filme conta a história de um garoto deixado em casa pelos pais, em férias, que tem de lidar sozinho com dois ladrões atrapalhados. Ou seja, a trama tem um título que lembra os filmes de Harry Potter e um enredo parecidíssimo com o de *Esqueceram de Mim* (1990), estrelado por Macaulay Culkin. "A Índia é um país com uma cultura riquíssima, e os alunos de cinema precisam trazer um olhar novo ou até resgatar um olhar sobre nossa cultura, sobre o hinduísmo, a ioga, os problemas sociais, a questão das castas e tantos outros temas. Esse movimento marcará a nossa passagem para as telas de outros países do mundo", disse-me Subhash Ghai, presidente da Mukta Arts, uma das mais tradicionais produtoras indianas e dona de um acervo enorme de longas-metragens e livros de cinema.

Mahesh Bhatt, produtor de cinema.
Foto: Franthiesco Ballerini

Quando Hollywood não inspira os roteiristas – no caso, é claro, de não haver uma ideia original para um filme –, em geral recorre-se a um remake de algum longa que já teve êxito comercial na própria Índia. Há também a opção de fazer uma sequência de um grande filme, tática usada por diversos diretores.

A sensação de uma crise narrativa está presente em todas as partes envolvidas no processo cinematográfico. Mahesh Bhatt me recebeu em seu escritório para uma conversa sobre esse tema. Num pequeno apartamento, levemente desorganizado, funciona seu escritório – algo bastante modesto para quem já foi considerado um grande produtor e diretor de Bollywood. Bhatt, no entanto, perdeu seu prestígio nos últimos anos, tendo se envolvido em produções capengas. Manteve a fama por aparecer em programas de TV como a versão local do *reality show Ídolos*, em que é jurado.

Paparicado por uma tímida funcionária, Mahesh Bhatt, sentado sobre uma grande almofada no chão, comenta esse ponto delicado do cinema local: "Os cineastas indianos estão perdendo suas raízes. Não tenho dúvida de que estamos em pleno auge da crise narrativa. Em resumo, estamos fazendo uma maior quantidade de maus filmes, com melhor aparência".

Após as conversas que tive com os diretores e organizadores do Pune International Film Festival (Piff, ou Festival Internacional de Cinema de Puna), nessa cidade com forte tradição acadêmica e localizada a algumas horas de Mumbai, notei que a sensação deles era similar à de Bhatt. "Temos um enorme centro educacional, visitado por estudantes do mundo inteiro. Minha esperança é que os 75 anos de tradição cinematográfica de Puna também ajudem a mudar esse sintoma da produção indiana. Felizmente, após sessenta anos acompanhando nossas produções, percebi que as mudanças são constantes, nada é eterno", confidenciou-me Jabbar Patel, diretor do Piff.

Derek Bose, no entanto, lembra que essa característica persiste até hoje porque o público pagante não reagiu contra a homogeneidade dos roteiros. Apenas para relembrar, a Índia esteve fora do circuito de shows, concertos e turnês de teatro até poucos anos atrás, sendo o cinema a única forma de entretenimento – já que, em plena transição para o século XXI, a televisão não apresentava mais do que um canal (estatal). "Os roteiristas raramente veem além do bom *versus* o mau. Eles há anos criam vilões com cara de terrorista, dono de terras, político ou contrabandista. Para o espectador, seria bom ver um vilão com dimensões mais variadas, o que talvez explique o sucesso dos filmes *Kuch Kuch Hota Hai* [1998] e *Kabhi Khushi Kabhie Gham* [2001], de Karan Johar, com vilões que não eram assim facilmente identificáveis", conta Bose. "A impressão que se tem é a de que acabaram as ideias em Bollywood."

Na Índia, ainda se mantém a tradição de testar os filmes convidando a família do motorista ou do cozinheiro do produtor para assistir ao produto. O filme é avaliado de acordo com sua reação, em vez de ser analisado após um teste realmente metodológico, com um público escolhido segundo critérios mais científicos.

A falta de um cuidado maior com o roteiro é uma das razões pelas quais produções que custam entre cem e duzentos milhões de rupias correm enorme risco de se transformarem em um fracasso de bilheteria. Ainda assim, esses filmes continuam sendo feitos, por razões já explicadas, como o fato de os produtores garantirem o lucro de outras formas – trabalhando em diversos filmes ao mesmo tempo, por exemplo.

Em Hollywood, o possível êxito comercial de um roteiro é avaliado com extremo cuidado pelo departamento de marketing de um estúdio, e é feita uma pesquisa de audiência com o uso de metodologias científicas; enfim, trata-se de um trabalho que pode levar anos. Em Bollywood, no entanto, por não ser típico o sistema de estúdios, e sim uma produção ainda calcada em empresas familiares, esse cientificismo em geral não existe e os riscos trazidos por um roteiro capenga são sempre passados de uma cadeia da produção para outra, sendo que poucos assumem a responsabilidade pelo problema. A impaciência quanto ao investimento na lapidação do roteiro e a falta de recursos para a elaboração deste são causas da baixa rentabilidade de Bollywood quando comparada com a irmã norte-americana.

Como vimos, é na fase de produção que Bollywood emprega igual ou maior tempo que Hollywood, mas isso não significa um ponto a favor da indústria indiana, e sim um sintoma de orçamentos extrapolados, mau planejamento etc.

Na pós-produção, há pressa em lançar o filme para recuperar o dinheiro gasto ou começar a pagar as dívidas. Na Índia, em geral, apenas os distribuidores são encarregados de promover o filme, ao contrário do que ocorre em Hollywood, onde toda a cadeia cinematográfica é responsável pela área de publicidade. No primeiro caso, o distribuidor recebe um peso enorme e nem sempre usa uma estratégia de marketing em consonância com o que foi pensado sobre o produto pelo diretor ou produtor, criando uma espécie de Frankenstein publicitário.

Em outras palavras, o roteiro é uma das últimas coisas a serem resolvidas em Bollywood. Por vezes, é escrito enquanto os atores já estão no set se preparando para entrar em ação, e suas falas são transmitidas poucos minutos antes do início das filmagens. A única exceção é o astro masculino principal, a quem o enredo é apresentado antes, a fim de que seja convencido a participar do filme. Ainda assim, só recebe o roteiro, como os outros, na véspera da filmagem. Até mesmo *Lagaan* (2001), estrelado por Aamir Khan – cujo objetivo era justamente evitar esse costume de pouco cuidado com o roteiro –, foi produzido de forma semelhante. Numa tarde de domingo, o diretor Ashutosh Gowariker foi à casa de Aamir Khan, encenou a história na sua frente, convenceu-o a participar do filme e então usou o nome do astro para financiar o produto.

Curiosamente, nem sempre esse esquema imperou na Índia. Nos anos 1940 e 1950, os roteiros eram desenvolvidos com cuidado. Alguns dos grandes diretores indianos dedicavam semanas de trabalho a eles, geralmente adaptados de peças de teatro e romances. "A partir dos anos 1960, o que passou a ter valor num filme foi o grupo de astros com quem o diretor trabalharia. Eles são a chave para que um filme seja feito ou não. Roteiro? Isso é o que menos importa, a história só vai ser plenamente conhecida pouco antes de os atores estarem no set", contou-me Shyam Benegal, que sempre que possível evitou entrar nesse esquema, tendo escrito parte dos filmes que dirigiu ao longo da carreira.

A ideia de basear um filme em um romance ou espetáculo teatral é algo mais comum no mundo ocidental do que indiano. Enquanto Hollywood sempre correu atrás de grandes histórias contadas em livros, em Bollywood os diretores iam atrás das histórias passadas oralmente de geração para geração. Se um diretor ou produtor gostasse do que ouvia, faria um filme a respeito. E, mesmo gostando daquilo que ouvira e aprovando sua adaptação para o cinema, o diretor ou produtor não costumava transformar aquela história em um roteiro escrito – por vezes apenas uma sinopse era passada para o papel. Sendo assim, os roteiristas trabalhavam no próprio set de filmagem e os atores liam aquela história minutos antes de o filme ser rodado. O astro (deus) da produção às vezes tinha liberdade para mudar falas ou trechos que não apreciasse, até mesmo as partes que se referiam a outros atores.

Nouvelle vague

Até aqui, apresentei não só minhas impressões diante do cinema de Bollywood mas também sua fórmula de sucesso, repetida em praticamente todos os filmes. Músicas e sequências de dança a cada vinte minutos, o mocinho lutando pela mocinha, o vilão ora cômico, ora caricato, todos esses elementos contribuíram para a crise dos roteiros, sentida no cinema de Mumbai até hoje.

Isso não significa, porém, que tal fórmula tenha liquidado a possibilidade de haver um cinema original, criativo e reflexivo em outras regiões da Índia – ou até mesmo em Mumbai. Embora a intenção do livro seja discutir Bollywood e sua marca registrada ao redor do mundo, é importante ressaltar que existem outros núcleos de produção cinematográfica em outras regiões indianas, com características próprias. Uns igualmente comerciais, outros mais autorais, politicamente combativos, socialmente instigantes.

Talvez o melhor exemplo de cinema alternativo em relação aos *blockbusters* de Bollywood tenha sido o movimento denominado por alguns estudiosos como a *nouvelle vague* indiana. Assim como a *nouvelle vague* na França, foi um movimento marcado por cineastas que pretendiam discutir não só as questões políticas e sociais urgentes do país, mas refletir sobre o próprio ato de fazer cinema, convertendo e subvertendo a linguagem cinematográfica.

Os cineastas que participaram desse movimento foram os mais informados quanto ao cinema mundial, razão pela qual a *nouvelle vague* conseguiu repercussão dentro da Índia, com a divulgação de suas propostas entre os diretores do país, que também foram fortemente influenciados pelo neorrealismo italiano. Ou seja, foi um cinema ligado às discussões e tendências globais, que floresceu entre 1960 e 1975, mobilizando não só jovens cineastas como também indivíduos que eram quase veteranos, a exemplo de Shyam Benegal.

A *nouvelle vague* indiana – ou, como se diz na Índia, os *art movies* ou cinema paralelo – teve os seus Truffauts, como Mrinal Sen, Mani Kaul, Shyam Benegal, Adoor Gopalakrishnan, Govind Nihalani, Saeed Mirza. Todos eles discutiram questões como a sociedade de castas indiana, bem como a condição da mulher e o conflito entre a vasta Índia rural e a potência urbana nascente. Os temas eram abordados sem astros, músicas dançantes ou outro apelo comercial qualquer, de maneira seca, realista e bastante ousada esteticamente em comparação ao que se vê em Bollywood hoje em dia. No caso desses filmes, as regras do cinemão indiano não se aplicam. Foi um movimento tão único quanto o cinema novo no Brasil, o neorrealismo na Itália e a própria *nouvelle vague* na França.

Um dos representantes mais significativos desse movimento foi o filme *Bhuvan Shome* (1969), de Mrinal Sen, sobre um velho viúvo que revê seu passado e recomeça a vida num vilarejo de gente simples e sem instrução. Trata-se de um alerta quanto às mudanças urgentes pelas quais a Índia precisava passar naquele momento. Outro cineasta importante e bastante polêmico foi Ritwik Ghatak, que dirigiu o filme *Meghe Dhaka Tara* (1960). Dono de um estilo barroco e provocador, seu nome foi considerado maldito pelos censores do governo indiano, pois o cineasta exibia as mazelas e a sensualidade das quais Bollywood se recusava a falar ou não podia.

Esse cinema autoral rendeu frutos ao longo das décadas seguintes, havendo um diretor que seguiu tal estilo até o fim: Satyajit Ray, um dos mais famosos cineastas indianos internacionalmente. É dele a trilogia de Apu, que conta com os filmes *Pather Panchali* [*A Canção da Estrada*] (1955), *Aparajito* [*O Invencível*] (1956) e *Apur Sansar* [*O Mundo de Apu*] (1959). Seu penúltimo filme como diretor, *Agantuk* [*O Estrangeiro*] (1991), levou-o a receber um Oscar honorário pelo conjunto de sua obra em 1992, despertando o olhar crítico do mundo sobre o cinema de arte na Índia.

Seria preciso iniciar outra reflexão para dar conta da riqueza desse movimento cinematográfico. O mais importante, porém, é registrar aqui a afirmação de que Bollywood pode ser a imagem predominante do cinema indiano e representar a maior força econômica (interna) do país, mas nunca existiu sozinha nem deu fim a outros tipos de cinema, da mesma forma que Hollywood nunca extinguiu o cinema independente norte-americano.

Entretanto, exceto por casos específicos como a *nouvelle vague* indiana, existem características comuns que Bollywood tem compartilhado, ao longo de sua história, com praticamente todos os outros núcleos cinematográficos nacionais. E uma dessas fascinantes características é a adoração pela música, tema da próxima descoberta.

10º e 11º dia

O som da Índia

No Ocidente, o musical é um gênero "ame-o ou deixe-o". Há quem adore ouvir diálogos cantados e ver atores dançando e cantando sem parar por duas horas. Neste início de século XXI, o grupo mencionado parece se tratar de uma minoria, razão pela qual Hollywood estabelece grandes intervalos na produção de musicais e os produtores pensam dezenas de vezes antes de investir seus milhões num produto como esse.

Agora imagine um país onde praticamente todo filme é um musical em potencial. Imagine que, independentemente do seu gênero preferido, o ingresso que você comprou o levará a uma trama a qual será, a cada quinze ou vinte minutos, interrompida por uma sequência musical em que os atores por vezes abandonarão seu personagem para cantarolar, dançar e celebrar alguma coisa, que pode não ter nada a ver com a história do longa em questão.

Esse país é a Índia, e a descrição anterior não é um exagero, e sim uma mera constatação do que eu já havia percebido ao assistir a alguns filmes indianos no Brasil e ao longo dos primeiros dez dias que passei em Mumbai. "A música é a alma do indiano. O canto e a dança fazem parte de nossa rotina desde que nascemos." Essa frase me foi dita diversas vezes por quase todas as pessoas que entrevistei.

O que me intrigava, nesse ponto da viagem, era a questão de como a música se tornara tão essencial na indústria cinematográfica indiana a ponto de nenhum produtor – pelo menos até o final do século XX – levar a sério um roteiro se nele não houvesse algumas sequências musicais. O meu encontro com alguns produtores musicais e especialistas me fez descobrir fatos inimagináveis, como a sufocante influência da indústria cinematográfica sobre a indústria fonográfica. Além disso, descobri que uma parte considerável dos filmes é iniciada por um simples clipe musical, e que esse é um elemento vital para o marketing dos longas que virão em seguida.

Os irmãos Bapi e Tutul são diretores musicais em Mumbai. Encontrei-os em seu escritório, que fica no fim de uma ruazinha de terra, num bairro afastado da cidade. Lá dentro, em vez de pianos, guitarras, baterias, vejo inúmeros computadores e aparelhos eletrônicos. "Hoje em dia, Bollywood contrata mais tecnólogos do que músicos para o trabalho na indústria, pois a música tem se tornado muito mais uma questão de tecnologia do que de arte", comenta Bapi, que acrescenta que a música, no cinema indiano, serve também para contar uma história, mesmo que ela esteja desconectada do contexto do filme. "O público ainda acha estranho um longa indiano sem música, pois nós dançamos em qualquer situação.", completa Tutul. Ele explica a estratégia de marketing em Bollywood: "Já trabalhamos em dezesseis filmes, produzindo a trilha e os clipes, que são maciçamente exibidos na TV e no rádio. Quando o filme estreia, a trilha sonora já é um sucesso de público e vendas. Isso só acontece em Hollywood em casos muito isolados, por exemplo em musicais como *Chicago* [2002] e *Moulin Rouge!* [2001]. Aqui, essa é a regra, uma prova de que sem música o cinema indiano não existe".

Em outras palavras, eu estava diante de um cinema que respira melodias, de um povo que vai às salas de projeção para cantarolar, de uma cultura tão ligada às raízes musicais quanto a latino-americana (talvez até mais), que também adora o ritmo. Mas, ao contrário da América Latina, onde esse gosto pela

Os irmãos Bapi e Tutul, que atuam como diretores musicais em Mumbai
Foto: Franthiesco Ballerini

música não é refletido em grande escala nas produções locais, na Índia ela não só faz parte do cinema como é a razão pela qual Bollywood se fortaleceu dentro e fora do país. "Mas como? Por quê?", perguntava-me.

Derek Bose me explicou que existe uma interdependência midiática na Índia. A indústria cinematográfica é extremamente dependente do rádio, que, com a reprodução das canções dos filmes, a fortalece. Por outro lado, nenhuma estação de rádio indiana sobrevive sem uma contínua e larga programação com músicas de cinema, entrevistas com as estrelas, fofocas de bastidor etc. Esses elementos são suficientes para manter a saúde financeira de uma rádio comercial, ao mesmo tempo que alimentam e preservam o interesse do público por novas produções cinematográficas. Ao contrário da televisão, que por vezes exibe clipes musicais que não têm ligação com filmes, no rádio quem impera é a música de cinema. Ela garante as altas audiências do horário nobre, sendo que sem ela dificilmente uma rádio comercial sobreviveria na Índia.

Em média, as grandes produções de Bollywood apresentam seis músicas ao longo de duas horas e meia. As sequências musicais seguem estilos parecidíssimos – com o herói correndo atrás da mocinha, que por sua vez se esconde atrás de árvores, arbustos. Vestida de branco ou com roupas multicoloridas, ela o deixa tocá-la apenas por alguns segundos. Os musicais também celebram o casamento, e sempre há uma quantidade enorme de figurantes desempenhando uma coreografia como se fosse algo espontâneo e natural. Mas como isso se encaixa num drama policial, num suspense ou num filme de terror? A resposta é: não se encaixa. E isso é o que menos importa, pois tanto o público quanto os produtores sabem que não é necessária uma desculpa – ligação com o enredo do filme – para colocar uma sequência musical na produção. Em alguns momentos, ela parece servir como um intervalo que o próprio filme concede a si; em outros, como um intervalo para comprar pipoca ou ir ao banheiro.

Há sequências musicais para qualquer ocasião – drama, romance, erotismo ou comédia. A música é parte tão vital do cinema que até pouco tempo atrás o público não comprava ingressos para filmes que não tivessem grande quantidade de músicas como entretenimento. E, ao contrário do filme, que pode ser esquecido pelos espectadores logo depois de finalizada a sessão, as músicas têm vida longa no imaginário popular. Em outras palavras, enquanto a música-tema de *Uma Linda Mulher* (1990) hoje não é mais dissociada do filme, as músicas-tema dos grandes sucessos de Bollywood têm vida própria, são cantadas e tocadas até mesmo por pessoas que nunca os viram.

O objetivo dessas sequências musicais é fornecer uma pausa, um alívio dramático para o espectador; mas na verdade, desde que o som surgiu no cinema indiano – no filme *Alam Ara* (1931) –, trata-se de uma estratégia muito bem pensada para sustentar e renovar a indústria fonográfica, totalmente dependente do cinema. Cerca de 40% dos discos vendidos estão relacionados ao cinema híndi (Bollywood), enquanto 21% trazem clássicos ou remakes e 5% têm ligação com filmes musicais regionais. Dos 34% restantes, 10% são discos de devoção religiosa e o resto divide-se entre as poucas estrelas que sobrevivem sem a ajuda do cinema e astros internacionais como Madonna.

Como veremos nos próximos capítulos, a venda de CDs piratas não só enfraquece a indústria fonográfica como também a cinematográfica, pois um mercado fonográfico forte na Índia corresponde a uma Bollywood saudável, já que ambos se apoiam mutuamente de diversas formas. Em vez de oferecerem garantias de vendas aos produtores, como no passado, as companhias fonográficas recorrem aos royalties. Isso evita em parte as possíveis perdas devidas à pirataria. Como consequência, os diretores e produtores acabam pagando consideráveis quantias referentes a royalties, mas também exigem uma garantia de que terão retorno com aquelas músicas. Mahesh Bhatt, com quem conversei na minha primeira semana em Mumbai, fez um acordo desse tipo em 2004 envolvendo o filme *Murder*, estrelado por Emraan Hashmi e Mallika Sherawat. Para sorte de ambas as partes, uma música solo executada por uma nova cantora de *playback*, Kunal Ganjawala, transformou-se no hit das rádios naquele verão, convertendo-se em uma fortuna para os produtores do filme e para a indústria fonográfica.

Mas nem sempre essa relação entre cinema e indústria fonográfica é amistosa. Até o início dos anos 1990, os produtores e diretores de cinema faziam parcerias eternas com uma produtora musical, confiando nela de olhos fechados e praticamente nunca questionando os contratos; era comum que nem mesmo se refletisse de fato sobre o porquê da opção por aquela produtora específica. Por exemplo: todas as músicas dos filmes de Yash Chopra foram controladas pela empresa HMV-Saregama. Em 2004, por ocasião do filme *Veer-Zaara*, Yash Chopra decidiu repentinamente cortar relações com a HMV e lançar as músicas do filme sob um selo próprio, o Yash Raj Music. Isso provocou uma reação em cadeia em Bollywood. Não demorou muito para que Subhash Ghai decidisse fazer o mesmo em sua próxima produção, *Kisna* (2005), e assim também fizeram outros produtores, como Suneel Darshan. A questão é que Chopra teve muito sucesso após essa decisão, arrecadando uma fortuna ainda maior com as canções de *Veer-Zaara*. Mas os outros não tiveram tanta sorte assim, e por uma razão muito simples: quem nasceu para produzir e comercializar filmes nem sempre conta com o mesmo talento para lidar com CDs. Em suma, a indústria fonográfica, que então encarara uma grande ameaça, voltou a ser requisitada por algumas empresas de cinema. Mas não da mesma forma que no passado. Isso porque Bollywood é tão poderosa na Índia que os grandes produtores musicais passaram a dar atenção total ao mercado cinematográfico, ignorando, por vezes, o mercado de remixes, álbuns de artistas que não são cantores de *playback* em filmes etc. Mas o que havia acontecido? Sentindo-se órfãos da indústria fonográfica, esses artistas, que até então não tinham nenhuma ligação com o mundo do cinema, começaram a procurar produtores cinematográficos para que pudessem lançar seus produtos. Quando a indústria fonográfica se deu conta disso era tarde demais, e Bollywood já havia lançado seus tentáculos sobre mais um nicho de mercado. Segundo a opinião de alguns analistas de Mumbai, a qual ouvi e li em jornais, em médio prazo a tendência é que a indústria cinematográfica simplesmente devore a fonográfica, não por meio de alianças, mas de aquisições, com empresas como a Yash Rash assumindo o controle operacional da venda de CDs e produção de clipes musicais.

Mas, apesar da dimensão desse mecanismo, alguns críticos, como Derek Bose, acreditam que foi-se o tempo em que a música retratava a riqueza cultural indiana. Sem medo de soar um pouco nostálgico, Bose afirma que antigamente as músicas eram desenvolvidas com cuidado, com letras e melodias que levavam meses para serem finalizadas. Tudo isso contribuía para que elas virassem clássicos inesquecíveis. Hoje, "uma em mil canções se transforma num hit, e o resto é gravado às pressas e sem nenhuma imaginação, com cantores, compositores e orquestras ruins", diz ele. Trata-se de um sentimento compartilhado por muitos analistas, que citam como prova o fato de muitos produtores musicais estarem ganhando mais dinheiro com remixes de clássicos antigos, dos anos 1950, do que com novas músicas. Paradoxalmente, este é o momento ideal para que a Índia aproveite ao máximo seu potencial rítmico cultural, já que a produção musical nunca foi tão barata quanto é hoje. Como dito anteriormente, o custo de produção de um clipe ou CD na Índia é tão baixo que vem atraindo músicos do mundo inteiro – nos estúdios de Yash Raj, à época de minha visita, o cantor brasileiro Naná Vasconcelos havia acabado de finalizar a pós-produção de seu novo trabalho. Além de a mão de obra ser baratíssima, é composta de profissionais espe-

Atores do filme *Jhoom Barabar Jhoom*, do diretor Shaad Ali.
Foto: Divulgação

cializados, técnicos capazes de operar os mais modernos equipamentos, razão pela qual a Índia vem constantemente exportando mão de obra para a Europa e os Estados Unidos.

Vale dizer que prevalece hoje a estratégia de fazer que a música seja o primeiro ponto de contato com a grande massa. Por isso, o lançamento de um clipe às vezes é bastante elaborado, sendo desenvolvido muito antes de se pensar no filme. A prova de sua importância reside no fato de que diversos filmes que tiveram péssima recepção por parte da crítica tornaram-se clássicos de Bollywood graças à sua trilha sonora. E o inverso também é verdadeiro: alguns longas-metragens caprichadíssimos e muito elogiados foram um fracasso nas bilheterias pela falta de um suporte musical adequado.

Mas vamos mudar um pouco o rumo do assunto. Quando, ainda no Brasil, eu estava fazendo a pesquisa para a reportagem e assistindo a alguns clássicos de Bollywood, notei dois elementos no mínimo estranhos no momento em que uma sequência musical era introduzida no filme. Primeiro, o fato de que na maioria das vezes ela não tinha nada a ver com a história em questão, como já foi mencionado. A segunda curiosidade era que, na sequência musical, a voz das atrizes mudava completamente, denunciando o uso de *playback*. Mais curioso ainda é o fato de absolutamente todos os filmes usarem vozes femininas semelhantes, extremamente agudas, que na maioria das vezes não têm nada a ver com a voz das atrizes em cena. Fui atrás da resposta para essa questão; parte dela me foi dada por Shyam Benegal, que explicou que, ao contrário de Hollywood, Bollywood não acredita na eficiência do som sincronizado. Explico: ao passo que em Hollywood as ações e palavras são gravadas em conjunto, em Bollywood, enquanto uma cena está sendo rodada, apesar de atores e atrizes dizerem o que está escrito no roteiro, o som dessas falas não importa, podendo, inclusive, haver barulho no ambiente, pois mais tarde, no estúdio, os produtores gravarão as falas, aplicando-as ao filme. Isso acontece também com as canções, que quase nunca são cantadas pelos atores, mas pelos profissionais chamados de *playback singers* (cantores de *playback*). "Eu nunca fui a favor do uso de *playback* e sempre tentei evitá-lo nos meus filmes. Usar som ambiente dá trabalho, mas garante o mínimo de realismo que um bom filme precisa ter", contou Benegal, durante a coletiva em sua homenagem no Festival Internacional de Cinema de Puna.

Bapi e Tutul assim explicam o uso da voz aguda nos *playbacks* dos filmes: "A voz fina da mulher está associada ao amor e à dor. Por serem lindas, essas atrizes têm de ter uma voz doce. A voz grave é associada à vilã, que não canta. Com relação à dublagem, isso ocorre porque, às vezes, o ator não tem uma boa voz ou simplesmente não fala híndi. Além disso, por causa do nível de barulho que temos em nossas ruas, indo do som dos corvos ao dos riquixás, os

Cantores indianos em estúdio musical.
Fonte: *Bollywood unplugged*, p. 20.

diretores acabam optando pela dublagem em estúdio. Isso está mudando agora, o indiano está mais aberto a sons e melodias diferentes. Mesmo assim, ainda não aceita todos os tipos de som nos filmes. Em relação à melodia ocidental, há ritmos como o *blues* e o *jazz* que até são bem aceitos, mas o *rap*, por exemplo, nunca funcionaria num filme de Bollywood".

Benegal acrescenta que, durante a época do cinema mudo na Índia, os filmes de Bollywood costumavam se parecer com todos os outros do mundo. Quando o som foi introduzido, porém, tudo mudou. O primeiro filme sonoro, *Alam Ara* (1931), contava com nada menos do que trinta sequências musicais. Não demorou muito para que os longas-metragens chegassem a ter setenta dessas sequências. Mesmo na época do cinema mudo, algumas exibições eram acompanhadas pela execução ao vivo da trilha sonora. Aliás, vale registrar aqui uma curiosidade sobre a exibição de filmes mudos. Como se sabe, há diversas línguas oficiais na Índia. Na exibição de filmes mudos, era de praxe que houvesse pelo menos quatro legendas, em línguas diferentes, explicando o filme. Como naquela época a maioria da população era analfabeta, os cinemas chamavam pessoas para que lessem as legendas. Em algumas salas, a exibição de um filme mudo era um espetáculo no mínimo exótico, com até quatro leitores oficiais lendo legendas explicativas, um em seguida do outro.

A chegada do som trouxe automaticamente a dança e a música para os filmes, e foi graças a esses dois elementos que a inclusão do som foi aceita de imediato pelos espectadores. Isso não quer dizer que não houve um estranhamento por parte dos espectadores quando viram pela primeira vez uma sequência musical antecipando uma luta de espadas. Mas há de se dizer que, por causa da música e dança, Bollywood ganhou certa dose de originalidade, pois, durante a era muda, era extremamente comum na Índia que se copiassem os grandes clássicos de Hollywood. O hábito persiste até hoje, mas a chegada do som possibilitou aos diretores optarem por uma vertente mais criativa e culturalmente ligada ao seu país, tão familiarizado com sons, melodias, canções etc.

O primeiro grande cantor de Bollywood de que se tem registro foi K. L. Saigal, nos anos 1930 e 1940. Nessa época, os atores e atrizes, como norma, deveriam tanto atuar quanto cantar. Assim, Saigal e a musa Kanan Devi, além de atuarem juntos, também tiveram de cantar. Mas já no final dos anos 1940 essa tendência praticamente desapareceu do cinema indiano. Na época em que Saigal morreu, os atores que atingiam o estrelato eram incapazes de cantar, porém esse talento deixara de ser necessário. A nova geração aprendia apenas a letra das canções para movimentar a boca da maneira exata, pois mais tarde elas seriam gravadas em estúdio pelos *playback singers*. Isso, no entanto, talvez esteja mudando neste início de século XXI, embora essa divisão entre o canto e a atuação ainda exista; a prova disso é o fato de que os cantores de *playback* de cinema são também celebridades, aparecendo frequentemente em programas de rádio e televisão.

Enquanto Saigal foi o inspirador dos astros seguintes, como Mohammad Rafi, Mukesh e Talat Mahmood, a maior cantora indiana da época se chamava Lata Mangeshkar, dona de um carisma incrível e de uma voz excepcional. A única concorrente que ameaçava seu estrelato era sua irmã, Asha. Para se ter uma ideia, Asha cantou um total de 10.344 músicas em várias línguas indianas, sendo 7.594 em híndi. Isso significa que, durante seus 42 anos de carreira, ela cantou, em média, uma música a cada trinta horas.

Ainda assim, o reinado de Lata durou anos e, embora ela tenha atuado mais do que cantado, é lembrada pela voz, não pela atuação. Algo que a ajudou a ganhar fama foi sua vida pessoal. Integrando uma família de seis filhos, ela foi para Mumbai a fim de prover o sustento dos irmãos por meio do trabalho. Quando seu pai morreu, passou a cuidar da família e sempre dedicou todos os seus trabalhos a ele. Ela chegou a Mumbai numa época rica, em que os produtores experimentavam todo tipo de instrumento musical, misturando batuques do Paquistão, típicos da cultura muçulmana, com ritmos latinos, criando um estilo musical encontrado apenas em Bollywood. Após a independência da Índia, em 1947, os atores passaram a fazer cenas “cantando” sobre bicicletas ou dirigindo carros em alta velocidade, elementos indicativos de um país livre que evoluía depressa. Mumbai era vista como a Nova York indiana, em alta velocidade econômica e cultural.

O reinado de Asha e Lata durou até os anos 1980, assim como o de Mohammad Rafi, Mukesh e Talat Mahmood. Todos eles ou morreram ou se aposentaram nessa década, dando espaço para outras estrelas musicais.

Alguns críticos costumam comparar os musicais de Hollywood com os filmes de Bollywood. Nada mais inapropriado. Enquanto em Hollywood a sequência musical conduz a história, em Bollywood ela é um segmento à parte da trama, representa o momento de mostrar um figurino pomposo, uma música agradável, mesmo que no meio de um drama, um suspense, uma tentativa de estupro, assalto etc. Das ruas caóticas de Mumbai, o público é subitamente levado para um ambiente bucólico, com o mocinho e a mocinha dançando em meio à natureza perfeita. Nos anos 1950, grande parte dessas cenas era rodada na Caxemira, que aos poucos acabou sendo dominada pelo turismo ou por disputas políticas entre Índia e Paquistão.

Hollywood também é bem diferente de Bollywood no que concerne aos clássicos musicais. Enquanto no Ocidente o emprego das músicas de Wagner, Mozart, Beethoven e Tchaikovsky nos longas-metragens é feito de modo semelhante entre os cineastas e produtores, em Bollywood os clássicos são utilizados de forma bastante distinta. A começar pelo fato de os mais antigos serem cantados num dialeto que hoje poucos entendem. Pode-se argumentar que basta separar a letra da música e usar apenas a melodia. O problema é que esses clássicos têm forte teor religioso e eram usados como instrumentos de devoção. Os instrumentos musicais, em muitos casos, imitavam a voz, trabalhavam a serviço dela. Em outras palavras, as músicas clássicas no estilo ocidental (não cantadas) simplesmente não eram comuns na Índia. Para ilustrar melhor, vale mencionar que as apresentações de música clássica indiana têm um efeito totalmente diferente sobre o público. Enquanto no Ocidente as plateias permanecem em silêncio no recinto, na Índia elas são ativas, participam da apresentação, como se houvesse um contínuo diálogo entre a música e os presentes. No lugar do maestro, existe um professor, que em público ensina os outros músicos a tocar. Depois de aprenderem, esses músicos farão o mesmo com outros candidatos ao mundo musical. Por isso as apresentações musicais na Índia são, muitas vezes, intuitivas, individualistas e também bastante anárquicas.

Também diferentemente dos musicais ocidentais – cuja apresentação tende a ser encerrada num ritmo crescente –, os clássicos indianos são circulares, ou seja, começam e terminam com a mesma melodia e ritmo. Além disso, há várias *gharanas* (escolas) diferentes em cada região: Gwalior, Kirana, Jaipur, Agra, e assim por diante. Os mais familiarizados com essas diferentes escolas as identificam logo nas primeiras melodias. Ser representante da escola Gwalior significa fazer parte de uma geração musical que fundiu as tradições hindus e muçulmanas, por exemplo. Tão ecléticos quanto as escolas são os instrumentos musicais. Na Índia, usa-se praticamente todo tipo de instrumento, do harmônio, hoje considerado um instrumento indiano típico, ao clarinete, trazido ao país pelos britânicos. Também são usados diferentes tipos de tambor, alguns tocados com as mãos, outros com varas etc.

As músicas clássicas indianas tiveram seu apogeu nos anos 1950, quando o governo federal proibiu a estação All India Radio (AIR) de transmitir qualquer música ligada à indústria cinematográfica. No entanto, foi nessa mesma época que começaram a se proliferar as rádios comerciais que exploravam as canções de cinema, como a rádio Ceylon, que ganhava fortunas com programas dedicados exclusivamente às trilhas sonoras de Bollywood. Notando isso, a AIR criou uma estação que dedicaria as 24 horas da programação a essas músicas. *Binaca Geet Maia*, programa apresentado por Amin Sayani, tornou-se extremamente popular e impulsionou as vendas de discos e fitas. Na televisão, o canal público Doordarshan seguiu a mesma linha, e programas como *Chitrahaar* e *Chitrageet* atraíam milhões de telespectadores. Como resultado, até hoje os programas (de rádio ou TV) dedicados ao cinema são os mais populares e rentáveis do mercado.

Não é preciso explicar por que numa indústria cinematográfica tão musical como a indiana a figura do coreógrafo é extremamente importante, se não vital. Como existe o hábito de incluir trinta sequências musicais num só filme, quase todas falando de amor, cabe ao coreógrafo imaginar passos e cenas ao menos minimamente diferentes uns dos outros. Além disso, é sua função organizar os passos e o ritmo dos inúmeros figurantes envolvidos nos clipes inseridos nos longas-metragens. O trabalho do coreógrafo é tão específico que, durante a filmagem das sequências musicadas, o diretor do filme nem fica presente no set – como aconteceu com as filmagens que acompanhei, protagonizadas por Shahrukh Khan, no complexo Yaj Raj Studios. E, se antigamente a coreografia era um trabalho para homens – Satyanarayan, Suresh Bhatt, Kamal, Madhav Krishna, entre outros –, hoje é cada vez mais comum a presença de coreógrafas nos filmes.

Outra função valorizada é a do poeta. Durante a era de ouro de Bollywood, nos anos 1950, muitos poetas, como Sahir Ludhianvi e Majrooh Sultanpuri, eram requisitados pelos cineastas para compor poemas que depois seriam musicados. Com o *boom* dos filmes de ação nos anos 1970, Bollywood deixou esse profissional um pouco de lado, investindo mais em canções *pop* sem muitos elementos poéticos. Isso gerou críticas de diretores como Shyam Benegal e estudiosos como Derek Bose, que acham que a música feita para o cinema indiano hoje é em geral rala e pobre. Mas a presença de poetas como Gulzar e Javed Akhtar ainda persiste, o que protege a indústria contra a superficialidade completa. Vale enfatizar que a era de ouro do cinema de Bollywood

Filmagem de um clipe musical para um filme de Bollywood nas locações de Film City, a Cidade do Cinema.
Foto: Franthiesco Ballerini

nos anos 1950 deveu-se ao fato de essa ter sido a década de ouro da música no cinema, com um significativo número de compositores trabalhando nesse mercado. Na época também surgiu grande parte das músicas que hoje são consideradas imortais. Eis uma lista de *blockbusters*, somente para citar alguns, cujas canções os tornaram clássicos: *Barsaat* (1949), *Mahal* (1949), *Awaara* (1951), *Nagin* (1954), *Shree 420* (1955), *Sone Ki Chidiya* (1958), *Kaagaz Ke Phool* (1959) e, claro, *Mother India* (1957), cujas músicas foram compostas por Naushad e cantadas por Nargis.

Embora os anos 1960 tenham visto o fim da era de ouro, a importância da música em Bollywood não declinou, apenas mudou de feição. Agora, o estilo predominante nos filmes é o de canções românticas com apelo ao público adolescente, por meio da fusão com o *rock* ocidental. Shammi Kapoor, o Elvis indiano, e Rajesh Khanna, o herói romântico, despontaram nessa década. É dessa época o filme *Mughal-E-Azham* (1960), que custou trezentos mil dólares, um dos mais caros da história de Bollywood e cujas músicas eram cantadas por Lata Mangeshkar, num tributo à imaginação, com trabalho duro e um toque de erotismo nas sequências dançadas. Nessa década também se popularizaram de vez os *playback singers*, como dito anteriormente. O curioso é que eles eram associados, a princípio, aos atores específicos a quem emprestavam a voz. Por exemplo: o público associava o *playback singer* Mohammad Rafi à imagem dos atores Dilip Kumar, Rajendra Kumar e Shammi Kapoor, assim como o cantor Mukesh a Raj Kapoor e Manoj Kumar. No mundo feminino, a voz de Lata Mangeshkar representava a de quase todas as estrelas, enquanto sua irmã Asha era associada às vozes secundárias e de cortesãs.

Se na década seguinte o romance, a inocência e o erotismo deram lugar à vulgaridade e à violência – com poucas exceções, como o trabalho de Rajesh Khanna e músicas como *Dum Maro Dum* –, os anos 1980 reviveram os clássicos de vinte ou trinta anos antes, bem como as histórias do século XIX. Porém, ainda predominavam os filmes violentos e musicalmente pobres, quase sempre estrelados por Amitabh Bachchan, o grande deus daquela década. Para se ter uma ideia, os LPs e fitas cassete do hit *Sholay* (1975) foram comprados mais pelos diálogos duros – ao estilo *Pulp Fiction* (1994), de Quentin Tarantino – do que pelas canções. E por fim, nos anos 1990, o legado dos filmes violentos de Bachchan e a chegada da TV a cabo propiciaram a proliferação de músicas que misturavam violência com sexualidade. Houve exceções, como o trabalho do compositor A. R. Rahman, da cidade de Chennai, que invocava a poesia lírica e reflexiva da era de ouro. Filmes como *Roja* (1992) são um exemplo disso.

O indiano celebra o casamento, o nascimento de um familiar, os festivais e até os funerais com música e dança. A forma de celebração varia de região para região, mas há alguns traços culturais regionais que vêm extrapolando suas fronteiras geográficas. Além dos festivais indianos conhecidos como Holi, Baisakhi e Navratri, o *bhangra* (música *folk*) de Punjab e a *raas-garba* e *dandiya* (danças com paus) de Gujarat se tornaram tão populares que passaram a ser usados e reproduzidos também no cinema híndi de Mumbai. Alguns críticos acham que essas formas escapistas de celebrar a vida são positivas, embora escondam a incapacidade do indiano de confrontar-se com seus problemas e deixar que transpareçam, estabelecendo uma reflexão, no cinema comercial.

Mas é possível refletir sobre alguma questão no cinema indiano? A resposta mais imediata seria sim, já que estamos falando da maior democracia do planeta. Contudo, o capítulo seguinte vai mostrar que existe um fator que impede os cineastas e produtores de falarem e mostrarem o que quiserem nas telas: a censura. Se essa palavrinha já provoca arrepios em nós, da América Latina, imagine como se sentem os indianos, que não se livraram dela até hoje. Esse será o tema da próxima discussão.

12º e 13º dia

Corta!

Se, quanto ao aspecto cultural, tudo que fora explorado acerca de Bollywood diferia, e muito, do cinema que conhecemos no Ocidente, até certo ponto da viagem não me pareceu haver nenhum grande obstáculo que ameaçasse o cinema indiano ou o colocasse em uma posição difícil diante dos desafios do mercado. Afinal de contas, dinheiro é o que não falta nas mãos dos produtores, os espectadores são inúmeros, a venda de ingressos, apesar da pirataria, continua em alta e nunca antes foram produzidos tantos filmes na Índia. Crise de roteiros? A ação das escolas de atuação e a consciência de que essa crise existe já são passos consideráveis para superar esse problema em médio prazo.

No entanto, surgiu nessa reta final da viagem uma questão que me parecia igualmente intrigante. A aliança entre uma tradição religiosa tão forte e uma sociedade tão rígida quanto a indiana, com seu sistema de castas, deveria ter como efeito colateral a necessidade de algum tipo de controle sobre o conteúdo cinematográfico. Não foi uma surpresa descobrir que existia, sim, esse controle. O que me surpreendeu foi saber que a palavra usada é muito mais forte do que essa. Existe censura. E censura pesada.

A censura na Índia é mais organizada que a própria indústria cinematográfica. Mas que fique claro, de antemão, que não se trata do tipo de censura que o cinema latino-americano sofreu entre os anos 1960 e 1980, a censura política que resultou da ditadura militar, da Guerra Fria, da caça aos comunistas etc. A censura indiana tem um perfil totalmente diferente, e intrinsecamente ligado aos dois elementos antes citados, a religião e a sociedade de castas, embora haja muitos outros pontos de controle além desses.

Um assunto que não poderia faltar é o sexo. Nada vende mais no cinema mundial do que o sexo, mas trata-se de um fruto proibido no cinema indiano – e não estamos falando apenas de Bollywood, mas de todas as indústrias regionais do país. Exemplos como a cena de banho do filme *Ram Teri Ganga Maili* (1985) e os dezessete beijinhos rápidos de *Khwahish* (2003) são mais do que exceções num jogo de gato e rato entre cineastas e censores do governo.

Proponho que você faça um teste: compre ou alugue qualquer filme indiano considerado mais ousado. No momento em que a intimidade física entre um homem e uma mulher chegar ao ponto de um toque mais íntimo – ou de um beijo –, a cena será abruptamente interrompida por uma música, um vilão ou mesmo uma simples paisagem. E isso, ironicamente, acontece no país que deu origem ao *Kama Sutra*.

A intenção da censura, segundo o governo indiano, é ser uma espécie de controle de qualidade do cinema nacional. As ações governamentais, no entanto, vão muito além disso, e esse controle se torna um paradoxo naquela que é considerada a maior democracia do mundo em termos populacionais.

A censura foi estabelecida de modo permanente por meio do Ato Cinematográfico de 1952, que criou guias de censura, revisados de tempos em tempos, e impede os cineastas de exibirem cenas de sexo, violência ou provocações políticas de qualquer tipo. Tudo isso ainda persiste após mais de meio século, ex-

Os atores Bobby Deol e Preity Zinta em *Jhoom Barabar Jhoom*.
Foto: Divulgação

ceto pelo controle absoluto das cenas de violência, hoje mais comuns. "Houve uma época em que provocações políticas no cinema representavam a infração mais grave que se poderia cometer, principalmente por conta de nossos problemas com o Paquistão", diz Derek Bose.

O Ato Cinematográfico apresenta dezenove cláusulas proibitivas, que servem de base para o controle feito pelos membros da Comissão Central de Certificação de Filmes. Embora sejam muitos os temas em questão, o maior controle recai sobre o sexo. O mais irônico, no entanto, é que, se um cineasta decidir infringir a lei e reinserir partes antes censuradas nos seus filmes, a chance de ser pego será muito pequena, a menos que o filme se torne um grande sucesso de bilheteria. Isso porque, depois que a censura fez seus cortes e aplicou à produção o selo obrigatório (e exibido no início do filme), não há quem impeça o cineasta de mexer novamente no produto e fazer que retorne ao seu estado pré-censura. Mas isso só se torna praticável se a exibição ocorrer nos confins da Índia, ou seja, em salas não multiplex de cidades pequenas, zonas rurais etc., pois nenhum cineasta tem coragem de "adulterar" o produto censurado nas grandes cidades. Essa situação mostra que a censura, embora falha, continua sendo um empecilho para a conquista do mercado que realmente interessa, o das grandes cidades. E quem for pego alterando um produto pode ir para a cadeia e ter de pagar multas milionárias.

Falemos primeiramente do tema mais censurado, o sexo. E quando digo *sexo* não me refiro ao ato sexual – uma imagem ousadíssima para o cinema indiano –, mas a um simples beijo na boca. Antes, no Brasil, e também durante minha estada em Mumbai, vi uma quantidade enorme de filmes com muita sensualidade, ritmo, dança etc. Nas sequências de dança, por exemplo, havia momentos em que o herói chegava bem próximo da boca da heroína, mas nunca havia um beijo na boca, pelo menos nos filmes a que eu assisti nesse período. Há exceções, claro; porém, ou elas não passaram pela censura ou fazem parte de uma época em que o controle não era tão severo. Por exemplo: antes da independência da Índia, os censores, comandados pela Grã-Bretanha, tinham de garantir que não houvesse cenas em que as mulheres brancas se envolvessem com os nativos, mas não se preocupavam muito com os filmes que mostravam os próprios indianos se beijando. Nessa época, entre os anos 1920 e 1940, as cenas de beijo eram longas e muito comuns, o que pode ser constatado em filmes como *Anarkali* e *Heer Ranjha*. A grande estrela Nadia chegou a aparecer seminua numa cena de *Hunterwali* (1935) e escapou ilesa dos censores. A linha proibitiva aos beijos começou logo depois desse período. Então, a estratégia passou a ser a seguinte: no momento em que os lábios do homem e da mulher estivessem muito próximos, uma árvore ou outro objeto deveria aparecer em sua frente, durante uma sequência musical. As músicas podem até ser sensuais, mas os lábios nunca podem se tocar. Levando-se em consideração o exagero sexual e erótico do Ocidente, essas cenas são até mais provocativas do que as imagens explícitas de Hollywood, pois sugerir pode ser mais eficiente do que mostrar.

Como já foi dito, uma das maneiras para conseguir falar de sexo é fazer duas versões do mesmo filme, sendo uma submetida à censura e outra não. Esta última deve ser exibida em cidades pequenas e zonas rurais. A outra é mostrada em salas mais próximas do olhar do censor. Mas há outras maneiras, menos arriscadas, de lidar com isso. Uma delas é a apresentação da conhecida *mujra*, uma das mais antigas formas de sedução feminina, em que a dançarina usa uma fantasia (*kathak*) e dança de forma bastante erótica, bem diferente da forma clássica ou folclórica. É uma espécie de dança de cabaré, ou pelo menos o objetivo é o mesmo.

A atriz Mallika Sherawat no filme *Murder* (2004). Fonte: *Bollywood unplugged*, p. 107.

Outro recurso é usar as festividades sagradas como pretexto para se falar de sexo. Com tantos mitos e divindades religiosas, é muito comum que, em festas populares, sejam recontados trechos de histórias em que a figura masculina tenta conquistar a feminina. Pronto, o herói usa como pretexto a conquista sagrada para ter certa intimidade com a mocinha, seduzindo-a com toques bastante íntimos. Em qualquer outra situação, os censores passariam a tesoura nessas cenas, mas trata-se de uma "homenagem" à cultura religiosa hindu, ou seja, é a recriação do mito de Radha-Krishna, que conta com homens jovens rodeados por mulheres nuas. Claro que os cineastas utilizam diversos artefatos para erotizar ainda mais a cena, como uma pistola de água (*pichkari*), claramente um símbolo fálico, mas que passa pelo crivo da censura por se tratar de um contexto religioso.

No entanto, nem todas as formas de driblar a censura são de bom gosto. Uma delas é o estupro, mostrado no cinema como uma prática do vilão. A cena de estupro é um momento tenso e essencial para que o roteiro de muitos filmes seja bem-sucedido – muitos clássicos devem seu êxito a versões bem elaboradas desse tipo de cena. Todavia, trata-se, em muitos casos, de uma desculpa para que se possa mostrar o vilão sem camisa e calças e a mocinha com as roupas rasgadas e as pernas abertas.

Exibir rituais tribais também é uma estratégia de Bollywood para driblar a censura. Já que o governo incentiva os filmes culturais, há uma forma melhor para falar de sexo do que mostrar aborígines seminuas, com colares entre os seios, dançando em volta dos homens? Se bem que nem é preciso apelar para as culturas mais isoladas da Índia; basta falar sobre algo culturalmente sagrado, como a noite nupcial. Evidentemente, não se mostram corpos nus, mas o público nunca se cansa de ver as seguintes cenas: o homem entra no quarto nupcial e a mulher, muito bem adornada e vestida, o aguarda na cama. Ele olha para ela de forma demorada e, na sequência, vê-se apenas o lençol se mexendo, com a câmera por cima. Da mesma forma, o público não se cansa de ver brincadeiras envolvendo a identidade dos personagens, mostrando um homem vestido de velho, ou até de mulher, que acidentalmente tropeça na rua e cai sobre a mocinha, rolando no chão, com as roupas de ambos presas uma na outra, uma ótima oportunidade para o personagem masculino sentir o corpo da bela mulher. Todos os grandes atores indianos já fizeram pelo menos uma cena parecida com essa – Anil Kapoor, Rishi Kapoor, Shammi Kapoor, Shahrukh Khan, Amitabh Bachchan –, e o público quer mais, muito mais.

A pornografia fica entre dois pontos censuráveis, a obscenidade e a indecência. O segundo é muito pior que o primeiro, pois, além de cenas de sexo inaceitáveis, mostra mulheres em situações humilhantes ou deploráveis.

Mas como agem os censores do governo? Por haver infrações em todo o país, a Índia não apenas conta com o instrumento anteriormente citado como também com três outros instrumentos de censura: o Código Penal Indiano (1860), o Young Persons (Harmful Publications) Act (1956), tratando dos danos à juventude, e o Indecent Representation of Women (Prohibition) Act (1986), envolvendo as mulheres.

A censura começou a aflorar já na época do nascimento do cinema. Dadasaheb Phalke, considerado o pai do cinema indiano, dizia que essa arte deveria seguir os três princípios básicos do hinduísmo: verdade, não-violência e tolerância religiosa. A questão é que essa tese foi mal aplicada em prol da censura, e isso ocorreu no início dos anos 1910. Pouco tempo depois, em 1918, foi instituído o Ato Cinematográfico Indiano, sob o comando britânico, que controlava o conteúdo dos filmes com base nesses preceitos hinduístas. Nessa época, havia cinco centros de censura: Bombaim, Calcutá, Madras, Lahore e Rangum.

O Código Penal Indiano proíbe a exibição, circulação e comercialização de material obsceno e indecente, que também não pode ser exportado. E, embora essa lei tenha sido criada muito antes do surgimento da internet, ela é usada para justificar o rastreamento dos IPs de computadores de pessoas que tenham contato com esse tipo de material. Já o Young Persons (Harmful Publications) Act refere-se especificamente a danos para jovens menores de 20 anos, promovendo a caça de materiais obscenos e indecentes que possam causar prejuízos morais e mentais a esse público. Por sua vez, o Indecent Representation of Women (Prohibition) Act proíbe a comercialização e exibição de materiais que comprometam a dignidade das mulheres, incluindo propagandas e produtos estrangeiros. Isso vale também para a internet, o que resultou em algumas punições injustas nos últimos anos, como a prisão do dono de um website no qual um visitante publicou um clipe com cenas de sexo. O dono do site foi punido sem ao menos ter tempo para tirar o material do ar. Vale destacar que esses atos se sobrepõem desnecessariamente, sendo que se busca um mesmo tipo de punição usando-se, porém, um ato de censura diferente a cada momento.

A internet atualmente representa o caso mais problemático. O governo indiano não para de criar leis, emendas e atos na tentativa de regular a rede de computadores; porém, com a difusão da banda larga no país, tornou-se muito difícil impedir o acesso a sites internacionais e o download de produtos eróticos e pornográficos.

Por conta dos desafios impostos pela internet ao governo indiano e de todas as outras formas de burlar o controle, os órgãos de censura são descentralizados e localizados nas maiores regiões urbanas do país. Quanto aos lobistas de Bollywood, eles pouco podem ou conseguem fazer para impedir que alguns dos seus filmes sejam talhados pela censura, uma vez que isso causaria uma reação em cadeia e colocaria em risco a autoridade de censores. Portanto, quando se vê o selo do governo no início do longa-metragem e se sabe que ele não foi alterado depois, dificilmente haverá alguma cena de sexo. Com relação aos filmes ocidentais, alguns sofrem cortes, outros acabam passando com a manutenção de um beijo ou outro, e não raro se veem espectadoras virando a cabeça para o lado quando uma cena amorosa mais ousada aparece nas telas. Evidentemente, tudo isso vem mudando neste início de século. Com a ascensão de milhões de pessoas para a classe média – as quais deixam de lado as restrições das castas e da religião –, os indianos estão cada vez mais consumindo mercadorias diversas como filmes em salas multiplex, DVDs, vídeos da internet etc., e para esse público não é difícil encontrar filmes com todo tipo de cena.

A censura aos filmes ocidentais já passou por fases piores que a atual. E as razões para censurá-los chegam a ser esdrúxulas. Nos anos 1920, por exemplo, o governo de Bengala sugeriu a criação de mecanismos mais poderosos de censura aos filmes de Hollywood quando percebeu que uma quantidade enorme de produções mostrava personagens brancos bêbados. Aquelas imagens iam de encontro com a suposta superioridade branca ocidental, sendo que o governo indiano, em vez de usá-las como uma forma de mostrar a igual fragilidade dos povos, censurou as cenas que retratavam os brancos em situações degradantes. "A própria forma de censura é esdrúxula. Nos seis centros de censura do país, existe uma espécie de clube onde mulheres casadas com atores são pagas pelo governo para assistir aos filmes e dizer o que acham que deve ser mantido ou não no produto. O problema é que nenhum diretor indiano está realmente disposto a tentar mudar essas maluquices, pois corre o risco de cometer um suicídio profissional", comenta Derek Bose.

Nos anos 1920 houve um trabalho de descentralização da censura na Índia, por meio do Ato Cinematográfico Indiano e de suas emendas de 1919 e 1920. As centrais de censura ficavam em cidades como Mumbai, Calcutá e Madras e eram constituídas por censores com o auxílio da polícia. Em 1927, a censura também abriu um escritório em Punjab. Esses censores poderiam proibir ou permitir a exibição de qualquer filme, além de terem autorização de cortá-los sem precisar dar satisfações aos produtores ou cineastas. O filme *Razia Begum* (1924), por exemplo, foi visto em Mumbai mas proibido em Hyderabad. Outro exemplo é o filme *Bhakta Vidur* (1921), que foi um sucesso em Mumbai e censurado em Karachi, sob a alegação de que o ator principal, Dwarkadas Sampat, era parecido demais com Mahatma Gandhi e, desse modo, a história poderia incitar a desobediência do povo perante o governo, já que Gandhi havia lançado a primeira campanha civil de desobediência naquela época.

O funcionamento da censura era singular nessa fase pré-independência da Índia. Muitos filmes eram feitos com o objetivo de instigar a liberdade e o esforço pela independência do país, mas curiosamente alguns deles eram censurados, o que ocorria quando a polícia considerava que mostravam uma Grã-Bretanha poderosa demais governando o povo. O filme *Bhuli Nai* (1948), de Hemen Gupta, falava sobre a divisão de Bengala em 1905 e as tentativas por parte de uma organização secreta de usar a violência para acabar com o império britânico no local. A censura proibiu a produção por julgá-la violenta demais. Seu próximo filme, *'42* (1951), também teve problemas com a polícia, tendo sido considerado inadequado por mostrar a violência policial na época do movimento "Deixe a Índia" (Quit India Movement).

Após a independência, em 1947, o Comitê Central de Censores Cinematográficos mudou apenas de dono – passando das mãos dos britânicos para as dos indianos – e eliminou a palavra *censores* por ser muito "pesada". Em seu lugar, adotou o termo *certificadores*, para que a sigla CBFC (em inglês) permanecesse a mesma. É essa sigla que até hoje aparece no início de todos os filmes indianos.

Mas, ao contrário do que se pensa, aqueles que se opunham à censura formavam uma minoria no século XX, pelo menos publicamente. Os argumentos favoráveis ao trabalho da censura apresentados pela população giravam em torno da condenação moral dos abraços e beijos de filmes ocidentais. Também se alegava que filmes com muita violência e perseguição de carros incitariam o caos urbano. Isso era dito frequentemente nas ruas. Pensando bem, esse fato me levou a refletir sobre como seria a Índia se todo tipo de violência (sexual, política, física) fosse permitido na TV e no cinema, especialmente em se tratando de um país com quase 1,3 bilhão de habitantes. Se no Brasil de 190 milhões ela já é incontrolável, o que poderia acontecer por lá? Obviamente não se trata aqui de fornecer um argumento a favor da censura, mas apenas sugerir uma reflexão pontual.

Outro momento conturbado para os cineastas foi a época do estado de emergência, na segunda metade dos anos 1970, quando Indira Gandhi suspendeu todos os direitos democráticos, inclusive as eleições. Nesse período, duas das mais importantes revistas de cinema do país, a *Filmfare* – que promove o festival homônimo, considerado o Oscar indiano – e a *Stardust*, tiveram de submeter todos os seus artigos ao olhar dos censores.

Nessa época, as críticas à ditadura de Indira acabaram atingindo até o maior deus do momento. Amitabh Bachchan era amigo próximo da família da primeira-ministra e foi alvo de diversas fofocas, como a que dava conta de que ele fora o responsável pelo estado de emergência. "Sem que ninguém checasse nada, eu fui banido da imprensa. Ninguém mais escrevia sobre mim nem publicava fotos minhas ou de meus filmes. Achava isso errado. Se a imprensa tinha o direito de me banir, eu tinha o direito de bani-la também. Isso durou dez anos, até que eu entrei na política; foi quando voltei a falar com a imprensa", disse certa vez o ator (Mihir Bose, 2006). A bem da verdade, sabe-se que Bachchan é uma pessoa extremamente conservadora. Ele pode não ter sido responsável pelo estado de emergência, mas já declarou diversas vezes que acredita que o cinema deve refletir a importância do casamento e banir a questão do sexo fora de uma união estável.

Durante esse pequeno e ímpar período da história da Índia, nenhum veículo ousou enfrentar Indira, exceto talvez o periódico *The Eastern Economist*, que publicou artigos furiosos contra ela. Durante pouco mais de dois anos, a vida na Índia andou devagar, quase parando. Quando o estado de emergência enfim acabou, as coisas começaram a voltar ao normal. Porém a censura permaneceu forte, estando presente até hoje.

Diretores mais autorais como Shyam Benegal tinham problemas com a censura que iam além das cenas de sexo. "Como meus filmes não são simples entretenimento que as pessoas veem e esquecem, os censores os levavam mais a sério, pois sabiam que os espectadores também os levariam", contou-me Benegal, que passou por um problema grave relacionado com seu filme *Nishaant* (1975). Na época, o governo de Indira proibiu o filme na Índia, mas ele foi exibido em diversos festivais no mundo todo. Esse paradoxo chegou aos ouvidos da primeira-ministra e ela ordenou que lhe entregassem uma cópia. "Não vejo nada de errado no filme. Acabem com sua proibição, senão passaremos por um constrangimento internacional", teria dito ela. O problema é que Benegal foi forçado a colocar um aviso no início do filme dizendo que "estes eventos aconteceram antes da independência da Índia". O público ridicularizou tal cartaz, pois dizia algo estúpido, já que o filme consistia em um drama fictício que obviamente se inspirara na Índia pós-independência.

É impossível precisar o prejuízo que a censura causa ao cinema indiano, mas alguns exemplos podem nos dar uma dimensão dessa perda. Em 1994, Shekhar Kapur fez um filme chamado *Bandit Queen*, o qual desagradou bastante a censura por narrar a saga de uma mulher que fora estuprada e depois virou bandida e membro do parlamento indiano. A questão é que o longa foi aplaudidíssimo no Festival de Cannes e em outros lugares do mundo. Kapur, cansado da censura no país, decidiu filmar no exterior e foi o responsável pelo filme *Elizabeth*, estrelado por Cate Blanchett em 1998, trabalho que rendeu a ela uma indicação ao Oscar.

Essas e outras questões afloram entre os intelectuais indianos. Para que censurar o cinema quando há, nas casas, dezenas de canais a cabo mostrando todo tipo de programação? Se o indiano é capaz de escolher democraticamente seus líderes políticos, ele também não seria suficientemente maduro para escolher o conteúdo dos filmes a que vai assistir no cinema? Esses são exemplos de constantes indagações feitas no país.

Parece-me óbvio que essa censura diminuirá ao longo dos anos, já que a Índia está em franco processo de abertura e crescimento econômico. Novas gerações vão combater, gradualmente, esse mal. O problema é que ele já está cedendo lugar a outro tipo de ameaça ao cinema de Bollywood, menos palpável, que vem de fora e também de dentro do país. Os dilemas presentes e futuros do cinema serão o assunto do próximo capítulo.

14º e 15º dia

Invasões bárbaras

A censura, embora seja um grande mal para o cinema indiano, tem uma forte ligação com traços culturais do país e, de certa forma, alguns cidadãos já se acostumaram com ela, inclusive alguns cineastas e produtores. Existem, porém, outros elementos que abalam, de forma intensa, o trabalho de toda a cadeia cinematográfica, como a televisão e a pirataria, levando-se em consideração a diferença entre estas e a censura.

Ao conversar nos estúdios e nas escolas com os profissionais de Bollywood, senti uma grande insegurança quanto ao futuro próximo da indústria de cinema indiana. Embora seja a maior do mundo em termos numéricos, essa indústria ganhou novos e poderosos oponentes, como a TV e as distribuidoras estrangeiras. Também há a pirataria, que ameaça toda a cadeia. Minha missão, portanto, naquela altura da viagem, era descobrir o tamanho do estrago causado por esses elementos na indústria cinematográfica da Índia. Seriam eles mais ameaçadores que a censura? Ao final dessa etapa, não me restou nenhuma dúvida quanto à resposta: sim.

Distribuidoras estrangeiras

Diferentemente de quase todos os países do mundo, a Índia não impõe grandes restrições aos investimentos estrangeiros no cinema. Por essa razão, no final do século XX, os grandes estúdios de Hollywood, como Walt Disney, Warner Bros., Paramount, Fox e Universal, começaram a abrir escritórios em Mumbai. "Nenhum estúdio de Hollywood vem sozinho à Índia. Eles aparecem por meio de parcerias com outras empresas. E sabem que aqui é um terreno economicamente fértil. A questão é: diante da crise de roteiros pela qual passamos, acredito que Hollywood possa contribuir com novas histórias ou pelo menos novas ideias", contou-me, animado, Derek Bose. "Há também a questão de que a mão de obra aqui é baratíssima, além de o país oferecer ótimas locações para seus filmes. Digo isso porque não acho que eles queiram apenas conquistar uma bilheteria maior, já que o ingresso ainda é relativamente baixo, mas sim baratear seus próprios produtos", completou.

Empresário da Reliance Entertainment, Amit Khana tem uma visão semelhante à de Derek Bose, acrescentando dados curiosos: "Eu não vejo Hollywood como uma ameaça a nós, pois os indianos continuarão querendo produções locais, com as quais sempre se identificaram mais. O que empresas como a Sony e a Warner querem? Penetrar num mercado de 1,1 bilhão de pessoas, apenas isso. Enquanto Hollywood tem uma média de 1,5 bilhão de espectadores por ano, o cinema indiano tem mais que o dobro: 3,4 bilhões".

No caso das distribuidoras estrangeiras, existe uma diferença importante no que diz respeito à atuação delas na Índia e ao que ocorre no Brasil. Enquanto por aqui as distribuidoras só investem em produções nacionais porque são praticamente forçadas pelas leis federais, na Índia elas começaram a investir em produtos indianos por duas razões: porque se trata de um público consumidor que não para de crescer (com trezentos milhões de indianos devorando produtos de entretenimento, além de novecentos milhões que poderão um dia ultrapassar a linha da miséria) e por uma razão cultural. Os indianos gostam de se ver nas telas, sendo que muitos deles preferem se ver a consumir produtos estrangeiros. Essa é uma característica que me impactou em especial em dois momentos. Ao ligar a televisão no quarto do hotel, dificilmente encontrava produções estrangeiras nas dezenas de canais disponíveis. E, ao conversar com pessoas nas ruas e com profissionais estrangeiros nos estúdios, eles reforçaram quanto todas as classes econômicas da Índia estão ligadas aos seus produtos culturais.

Por conta disso, os estúdios de Hollywood estão coproduzindo e financiando filmes de Bollywood. Em 2004, por exemplo, a Sony Pictures – da Columbia TriStar – investiu cerca de um bilhão de rupias indianas no país. Tanto ela quanto outras empresas se deram conta de que a estratégia usada em outros países – sufocar o mercado local com produtos de Hollywood – não tem muita chance de dar certo na Índia, onde a saída é a coexistência. "É bom lembrar que Hollywood está aqui, embora timidamente, há 75 anos e sua fatia de mercado mal consegue passar dos 5%. Empresas como a Sony chegam aqui para fazer produtos indianos, prova de que ignorar nossa cultura não é um bom negócio para eles", comentou Subash Ghai, presidente da tradicional produtora Mukta Arts.

Outros fatores que atraem os estúdios estrangeiros são a profissionalização do cinema indiano, sua lenta, porém gradual, desburocratização e a sensação que os estrangeiros têm de que a temática vem se aproximando do Ocidente. "Bollywood se assemelha muito mais ao negócio [cinematográfico] que conhecemos hoje do que há quinze anos, e a tendência é ficar ainda mais semelhante", comentou o presidente da Sony Pictures, Michael Lynton, em uma entrevista a Joe Leahy publicada no *Financial Times* em 3 de janeiro de 2008 sob o título "US studios get taste for Bollywood" (Estúdios dos Estados Unidos tomam gosto por Bollywood). A matéria também diz que os estúdios norte-americanos estão loucos para conquistar uma fatia do crescimento anual de 15% que as bilheterias indianas vêm registrando na última década e ressalta que os filmes estrangeiros detêm apenas uma pequena fração desse total. Por fim, Leahy cita como exemplo o filme *Saawariya* (2007), produzido pela Sony em híndi e que faturou vinte milhões de dólares, tendo custado oito milhões; isso estimulou o estúdio a fechar um acordo local com a Eros International, um dos maiores conglomerados de cinema da Índia.

Em suma, a invasão estrangeira ainda não é vista como algo ameaçador pela indústria de cinema indiana. Digo *ainda* porque não sabemos se o futuro de Bollywood será semelhante ao cinema latino-americano, que precisa conviver e lidar com a presença maciça de filmes de Hollywood, ou se o meio continuará tão promissor quanto é atualmente.

Televisão

O monopólio da TV estatal Doordarshan (TV Índia) terminou no final dos anos 1980, com o advento de diversos canais privados. Assim que surgiram, esses canais começaram a se apoiar na produção de Bollywood para definir o conteúdo de seus programas. O mesmo aconteceu, anos antes, com o fim do monopólio da rádio estatal AIR, após a legalização das estações FM.

A televisão chegou muito tarde à Índia, mais do que em relação aos vizinhos economicamente mais fracos como o Paquistão. A programação televisiva indiana só começou no início dos anos 1980, e, quando a Índia foi a sede dos Jogos Asiáticos de 1982, surgiu no país a TV em cores. Mais tarde apareceu a TV a cabo, com milhares de casas ostentando suas antenas – na Índia, a TV a cabo é na verdade um sistema de parabólicas – em cima do telhado, muitas delas "tomando emprestado" o sinal dos vizinhos; diversos canais surgiram sem o controle do governo, apresentando filmes sem comprar seus direitos de exibição.

Essa foi uma década difícil para o cinema indiano, já que grande parte dos investimentos estava sendo destinada aos novos e promissores canais de televisão. A infraestrutura cinematográfica ficou às moscas, com salas de projeção infestadas de ratos e baratas e projetores antigos e capengas. Nessa época, ir ao cinema tornou-se subitamente uma rotina de imigrantes recém-chegados às cidades grandes. Isso só mudou nos anos 1990, quando o topo da pirâmide social voltou a frequentar as salas de cinema. Com o surgimento das salas multiplex, o valor do ingresso passou de poucos centavos de dólar a alguns (ainda não muitos) dólares.

Para se ter uma ideia, no início do século XXI já havia mais de trezentos canais de televisão, com um total de 2,5 milhões de horas de programação por ano para 120 milhões de casas indianas, transformando a Índia no terceiro maior mercado de TV, atrás apenas dos Estados Unidos e da China. A televisão na Índia é um negócio que teve um crescimento espantoso nos últimos vinte anos. Em 1987, havia seis milhões de casas com televisão, e uma média de trinta milhões de espectadores. Hoje, são 120 milhões de casas com o aparelho e 530 milhões de espectadores. A tendência é que esse número aumente vertiginosamente nos próximos anos, já que 35% das casas ainda não possuem sinal para canais privados de TV. Esses canais ultimamente têm sido sustentados mais pela propaganda do que pela assinatura de pacotes, como acontece até hoje no Brasil, já que a assinatura de um pacote de canais pagos custa em torno de dez dólares por casa. Cerca de quinze a vinte canais privados de televisão são lançados todos os anos, com programações das mais variadas, com noticiários, programas religiosos, infantis, sobre estilo de vida etc. Até nos canais de notícia a presença de Bollywood pode ser sentida, pois faz parte de, em média, 20% do conteúdo noticiado nesse tipo de canal. Os canais cobrem massivamente festivais de cinema como o Filmfare Awards e o Screen Awards em Mumbai, ou o International Film Festival of India em Goa, além de qualquer programa voltado à caridade de Bollywood, oferecendo horas de sua grade a estrelas e filmes desses eventos. Esses canais precisam desesperadamente das produções de Bollywood para conquistar um público maior; sendo assim, criam diversos espaços no horário nobre para a exibição de filmes – como acontece, aqui no Brasil, com as novelas em canais como Globo e Record.

Algumas curiosidades sobre a televisão indiana: quando seus programas não envolvem o cinema, ou seja, no caso das séries de TV, a temática costuma sempre privilegiar as tensões entre sogra e nora, ou nora e cunhada, enfim, o universo feminino familiar. Nas novas e promissoras emissoras indianas, os atores assinam contratos de apenas um ano, de forma bem diferente do que ocorre no Brasil, onde vários astros têm contratos de mais de cinco anos. Paradoxalmente, as séries de TV na Índia costumam durar dezoito meses ou mais, dependendo da audiência, e os atores recebem o roteiro com bastante antecedência para se prepararem, diferente do que ocorre no cinema. Isso é bastante intrigante, já que em quase todo o mundo acontece o oposto: a produção de TV costuma ser mais apressada e a de cinema mais lenta, trabalhada. Essa característica se explica, no entanto, pelo fato de haver na Índia um contexto invertido, pois até agora o volume de filmes é muito maior do que o de produtos televisivos. Por fim, vale mencionar que, se um programa se tornar um grande sucesso, será dublado nas outras línguas nacionais e até exportado para os países vizinhos.

A televisão parece ser a menor das ameaças ao cinema indiano, mesmo com a possibilidade de eliminar o hábito de alguns cidadãos de sair de casa para ir às salas de cinema. Ainda assim, a indústria cinematográfica tem sobrevivido bem ao aumento vertiginoso dos canais de TV.

Pirataria

Na Índia atual, é de comum entendimento que a indústria fonográfica nacional esteja definhando – ou já em estado vegetativo – principalmente por causa da pirataria. E aquilo que acontece no Brasil também se passa lá: o governo e as empresas mais interessadas em lutar contra a pirataria – distribuidoras e produtoras – pouco ou nada fazem, em grande escala, para combater esse mal; assim, o futuro pode ser sombrio. Hoje, a indústria fonográfica não existe mais no Paquistão, Sri Lanka e em Bangladesh por conta justamente da falta de atitudes drásticas contra a pirataria. "Empresários do cinema e governo simplesmente decidiram lavar as mãos e ignorar o problema como se não dissesse respeito a eles. Bollywood fez algo ainda mais grave: separou-se por completo da indústria fonográfica, eliminando qualquer possibilidade de termos cantores não dependentes do cinema", disse-me Derek Bose.

Algumas iniciativas isoladas já tiveram um relativo êxito no combate à pirataria. Em 2004, por exemplo, o governo de Tamil Nadu (no sudeste da Índia) instituiu o Ato Goonda, contra a pirataria. Devido a uma perseguição implacável a produtores e vendedores de discos piratas, a pirataria despencou naquela região, e a renda do cinema produzido em Tamil cresceu quase 20% no ano seguinte. Bollywood tentou o mesmo em Mumbai, mas não teve êxito até hoje.

O estrago causado pela pirataria tem proporções consideráveis. Cálculos do governo estimam que a indústria fonográfica tenha perdido para a pirataria algo em torno de quatro bilhões de rupias em apenas quatro anos, entre 2001 e 2005. Isso teve um impacto enorme em Bollywood, já que, nos anos 1990, as vendas de direitos musicais somavam 15% da receita de um filme – às vezes muito mais, gerando lucros extraordinários. Naquela época, como já foi dito, os produtores gravavam músicas e financiavam a produção do CD muito antes de fazer o filme correspondente. Esses hábitos vêm desaparecendo: "Em qualquer lugar para onde se olhe, há pessoas ouvindo músicas, mas não comprando. Levamos seis meses preparando uma única música para um filme e em um minuto alguém faz um download sem pagar nada, pois não há nenhum controle sobre os direitos autorais aqui na Índia", criticaram os irmãos Bapi e Tutul, produtores musicais de Bollywood.

Alguns elementos políticos e técnicos dificultam a sobrevivência da indústria fonográfica na Índia. Se por um lado agências como Phonographic Performance Ltd. (PPL) e Indian Performing Right Society (IPRS) são responsáveis por monitorar a violação de direitos autorais ao mesmo tempo que coletam royalties graças a bares, restaurantes e casas noturnas que tocam suas músicas, por outro existe uma lei na Índia que protege a canção por apenas dois anos. Passado esse período, qualquer um pode remixá-la como quiser, sem ter de pagar nada ou dar nenhuma satisfação a respeito. O problema é que muita gente não tem esperado esses dois anos para começar a ganhar dinheiro com o trabalho alheio.

Enquanto isso, a postura do governo indiano é no mínimo perturbadora; já houve declarações governamentais dando a entender que a pirataria musical não é algo preocupante. Os críticos e especialistas, por sua vez, vivem dizendo que o governo de Nova Déli não tem a menor ideia da magnitude do problema, muito menos de como resolvê-lo, sendo preciso nomear alguém para lidar com a situação. Já no caso do cinema, a intervenção é visível, mas por meio de órgãos que os indianos chamam de "elefantes brancos", como Films Division of India, National Development Corporation etc. Essa conjuntura leva a Índia ao caminho que a China já trilhou – nesta, 90% das vendas de CDs correspondem a produtos piratas, enquanto na Índia a pirataria equivale, atualmente, a cerca de 30% das vendas.

Mas a questão da pirataria na Índia envolve também profissionais conhecidos no mercado. Em Bollywood, por exemplo, é muito comum que um compositor "tome emprestada" uma música alheia e fique torcendo para que não seja pego na manhã seguinte. O cineasta, por sua vez, muitas vezes sabe que está comprando um produto plagiado, mas faz vistas grossas e também torce para que ninguém reclame de nada. No final das contas, todos começam a tomar as mesmas atitudes, e o Indian Copyright Act se torna um instrumento oficial sem absolutamente nenhuma função ou eficácia.

No caso do plágio de filmes, a situação é um pouco diferente. Como já foi dito, na Índia é muitíssimo comum copiar enredos de clássicos ou grandes sucessos de bilheteria estrangeiros, especialmente de Hollywood. Em geral, o único cuidado tomado é o de não deixar nenhuma sequência idêntica ao conteúdo do produto copiado. Mesmo na hipótese de haver sequências idênticas, isso provavelmente não acarretaria maiores problemas, pois o sistema judiciário indiano é tão benevolente com essa prática que, até o presente momento, ninguém nunca foi proibido de lançar um filme por razões de plágio. Esse é um dos motivos pelos quais estúdios como a Warner Bros. e a Paramount pregam o direito do julgamento em cortes internacionais no caso de problemas desse tipo.

O plágio traz, no entanto, efeitos colaterais até para os próprios diretores e produtores indianos que copiam roteiros e histórias estrangeiros. Enquanto eles agem livremente no país, no Paquistão um grupo igualmente grande de piratas copia livremente todos os grandes clássicos e lançamentos de Bollywood, sem pagar nenhum centavo. E lá o risco de ser pego é ainda menor do que na Índia.

As perdas sofridas apenas por Bollywood (em Mumbai), devidas à pirataria, chegam anualmente a trinta bilhões de rupias. A prática já é tão sofisticada a ponto de os piratas copiarem um filme e exibi-lo em certos canais ou salas de cinema no mesmo dia da estreia oficial. Essa é uma das razões pelas quais os produtores têm feito pré-vendas para a TV antes das datas de estreia, como uma tentativa de conter a perda de bilheteria.

Essa invasão bárbara é sem dúvida a pior e mais maléfica ameaça ao cinema indiano, e o mesmo vale para qualquer indústria do mundo. Entretanto, a Índia não está tão atrás dos outros países no que concerne ao combate à pirataria. Em outras palavras, até o momento ninguém conseguiu encontrar uma fórmula infalível para acabar com esse mal.

Imprensa

Pode parecer estranho, mas a cobertura da imprensa em Bollywood muitas vezes mais atrapalha do que ajuda diretores, produtores e, principalmente, atores. Se folhearmos jornais e revistas nas livrarias e bancas de jornal de Mumbai, notaremos que a grande maioria das publicações não dedica nenhum espaço para o jornalismo cultural, abrangendo críticas e reflexões sobre filmes e programas de televisão, por exemplo. Ao contrário, a seção dita "cultural" desses produtos corresponde, na verdade, aos cadernos de fofoca, em que a vida pessoal dos astros e estrelas de Bollywood é vasculhada por completo.

Nas bancas, encontrei manchetes muito curiosas sobre as celebridades do cinema. No caderno de "cultura" do jornal *DNA India*, um dos mais influentes de Mumbai, o cinema toma conta de praticamente todas as páginas. Porém, nem sempre as manchetes falam dos últimos trabalhos dos atores. As colunas sociais cobrem exaustivamente os eventos com a presença de artistas. Na capa da edição do dia 11 de janeiro de 2008, por exemplo, uma festa cheia de astros dividia espaço com Amitabh Bachchan visitando uma exposição de carros e uma cômica entrevista com o astro televisivo Karan Johar, na qual a repórter pergunta "Quando você pretende se casar?", ao que ele responde: "Detesto ficar num quarto sozinho; felizmente tenho uma ótima relação com a minha mãe, isso compensa a falta de um relacionamento amoroso. Ela é minha melhor amiga e a razão pela qual eu penso no futuro todos os dias. E minha mãe não fica insistindo quanto a ter uma nora". No restante do caderno, havia pequenas resenhas de filmes que estreariam naquela semana, notinhas sobre Hollywood, muitíssimos anúncios de filmes (algo que causaria inveja a qualquer dono de jornal no Brasil) e, para fechá-lo, quatro páginas apenas com fotos de festas e astros de Bollywood.

São referências do tal "jornalismo cultural" da Índia as revistas *Stardust* e *Cine Blitz*, cuja editora-chefe, Shobhaa De, há alguns anos foi responsável pelo furo de "reportagem" que mudou o padrão da cobertura jornalística, estimulando ainda mais a preferência pelas notícias envolvendo fofocas. Ela descobriu que o astro Dilip Kumar passou uma noite com uma mulher chamada Asma Begum em Hyderabad e se casou secretamente com ela, enquanto se mantinha casado com sua primeira mulher, Saira Banu, algo permitido entre os muçulmanos, como no caso de Kumar. Durante meses ele foi perseguido pela imprensa, até que o segundo casamento acabou e ele teve de pagar trezentas mil rupias para Asma após o divórcio.

Ao longo de muitas décadas, por conta desse tipo de cobertura da imprensa e de momentos de tensão entre hindus e muçulmanos, muitos astros de Bollywood esconderam seu amor por muçulmanas ou vice-versa: às vezes trocavam de nome para se casar com uma hindu.

Durante a época do estado de emergência surgiram alguns veículos, como a revista *India Today*, uma espécie de *Time* indiana, cobrindo semanalmente os assuntos mais relevantes do país. É preciso deixar claro que existem jornais e revistas que publicam críticas sérias sobre os filmes de Bollywood, mas o que mexe com o imaginário do indiano são justamente as fofocas, ainda mais por se tratar de um país em que traição, divórcio e crimes não são muito bem-vindos nas telas.

Esse interesse, contudo, tem um efeito nocivo para aqueles que querem fazer um estudo sério sobre Bollywood. Eu mesmo senti isso na pele quando estive lá, ao notar a enorme desconfiança que despertei nos agentes de astros como Karan Johar, Aamir Khan e Shahrukh Khan quando perguntei se poderiam me conceder uma entrevista. Durante dias eles pediram que eu enviasse documentos explicando minuciosamente minhas intenções com tal entrevista, além de solicitarem um perfil completo do veículo para o qual eu trabalhava. O temor de que a entrevista fosse usada para fins de exploração da vida pessoal, aliado ao despreparo dos agentes desses astros e à dificuldade de comunicação, acabou com minha chance de explorar ainda mais o cinema estrelado por eles e levar sua voz, deixando que eles mesmos explicassem a sua arte, para o mundo todo.

Apesar de tudo, a imprensa indiana me pareceu forte e atuante, dentro dos limites impostos pela censura e pelos padrões sociais do país. Com o crescimento econômico espantoso da Índia, é muito provável que a imprensa se torne, ao longo dos anos, cada vez menos uma ameaça ao cinema – e cada vez mais sua aliada.

Tamil Nadu

Dentre todas as ameaças a Bollywood, esta é uma das poucas que são saudáveis e úteis: trata-se do crescimento do cinema produzido no estado de Tamil Nadu, no sudeste da Índia, e falado na língua tâmil. Ao lado da produção de Bengala Ocidental, o cinema de Tamil tem sido cada vez mais apreciado pelos países vizinhos, tendo sucesso até mesmo dentro da área de dominação de Bollywood, ou seja, em Mumbai. A capital Chennai é onde se concentra a maior parte da produção do estado. É possível notar a diferença de fotografia entre os filmes de Mumbai e os de Tamil, pois este é um estado extremamente colorido, onde tanto os homens quanto as mulheres adoram usar flores como ornamentos corporais, além de muito ouro. Culturalmente, os filmes se inspiram no teatro folclórico e musical, nas tradições de histórias contadas oralmente e nas artes marciais. Em todas as cidades do estado, podem-se encontrar outdoors enormes com astros do cinema de Tamil; muitos deles também estão envolvidos com a política, então são comuns nos filmes discursos cheios de mensagens com esse caráter.

Um astro de Tamil Nadu costuma fazer dois, três, até quatro papéis num mesmo filme. Quanto aos efeitos especiais, eles existem, mas em comparação com as produções de Bollywood são considerados uma espécie de forma rural de arte. Os heróis devem contar basicamente com o domínio de três elementos: discurso, combate e artes em geral, tendo sempre em mente que suas ações devem levar em conta a consciência social e política, para o bem da família e da comunidade. E, claro, nunca podem esquecer os deuses, a religião. Um dos deuses cinematográficos de Tamil é o ator Rajnikanth. Ele é tão influente no estado, desde o início dos anos 1980, que seus discursos podem eleger alguém ou destruir a carreira de qualquer político local. Por isso, invariavelmente é visto ao lado daqueles que querem se eleger, já que ele mesmo nunca se envolveu com política até hoje.

No caso da figura da heroína, ela é igualmente uma mulher de grandes valores, para que esteja à altura do homem. A figura do pai autoritário e chefe da família e a mãe representando a estrutura social e moral da casa constituem imagens que unem o cinema de Tamil a todos os outros do país. O contexto da família é quase sempre rural, já que esse tipo de cinema é produzido em pequenas cidades e exibido nas zonas rurais. Mesmo os diretores de fora que vão a Chennai acabam filmando histórias rurais, folclóricas, pois sabem que seus filmes serão muito mais apreciados nas pequenas cidades do que nos grandes centros urbanos. Por isso, grande parte das histórias gira em torno de conflitos envolvendo propriedades ou a disputa pela honra entre gerações, comunidades ou famílias donas de terras.

Outra grande diferença entre o cinema de Tamil Nadu e o de Mumbai está na importância dos diálogos. Nas produções de Tamil Nadu, os diálogos são muito mais numerosos e valorizados. Alguns filmes apresentam vinte minutos seguidos de conversas intermináveis. É um cinema muito melodramático, ainda mais que o de Bollywood: ao mesmo tempo que as pessoas sofrem, elas se regozijam com a vida, cantando e dançando mesmo depois de um enterro. Há vários jogos de palavras, e o humor deriva do uso de frases de duplo sentido e de um vocabulário arcaico ou específico de uma região. O espectador de fora às vezes não entende as brincadeiras, mas sabe que ali existe um jogo com a própria língua local. Os estrangeiros são muito bem recebidos e, assim como se vê no cinema italiano, a mesa farta indica as boas-vindas.

Gostem ou não, os produtores de Bollywood terão de aprender a conviver com a crescente popularidade do cinema de Tamil Nadu. Na minha opinião, além de ser visto apenas como uma ameaça à supremacia de Bollywood, esse crescimento também pode ser encarado como um estímulo à melhoria da qualidade do cinema indiano como um todo.

Irã e ex-repúblicas soviéticas

O domínio mercadológico de Bollywood, como se pôde ver, é alvo de diferentes tipos de ameaça. Mas a indústria de Mumbai também já foi vista como um perigo, só que fora da Índia, mais especificamente em países onde o seu cinema é extremamente popular, como no Irã e nas ex-repúblicas soviéticas.

No caso do Irã, as ligações entre o cinema indiano e o país datam de muito antes do próprio surgimento do cinema, quando as histórias eram representadas nos teatros pársis, companhias itinerantes comandadas por persas que se instalavam em diferentes regiões por razões religiosas e que apresentavam performances que variavam do romântico ao cômico. Constituem uma das maiores fontes de inspiração do cinema indiano até hoje.

Com o nascimento do cinema, muitos diretores iranianos foram trabalhar na Índia, como Abdolhossein Sepenta, cineasta que escreveu (e atuou em) *Dokhtare Lor Ya Irane Druz Va Emruz* (1933), o primeiro filme sonoro do Irã.

Durante o comando do xá Mohammad Reza Pahlavi (1941-1979), era muito comum que cineastas iranianos usassem cenas de dança e canto em seus filmes, inspiradas no cinema de Bollywood. A única diferença era que as performances no Irã eram individuais, enquanto na Índia elas são geralmente em grupo. Após esse período, tornaram-se populares as coproduções entre os dois países, vista em filmes como *Homale Saadat* (1971), do indiano Fabi Chanakiam, e *Mamoure Ma Dar Kerachi* (1973), do iraniano Mohammad Reza Fazeli. Naqueles anos, era muito fácil, para atores indianos, conseguir papéis em filmes iranianos, e vice-versa.

Se antes da Revolução Islâmica de 1979 o cinema indiano já era muito popular nas salas de cinema do Irã, nos anos 1980, com a chegada do vídeo, a exportação de filmes de Bollywood para o país cresceu vertiginosamente. E o advento do vídeo foi providencial, pois as salas de cinema foram proibidas de exibir grande parte dos filmes indianos, já que a revolução bania cenas de dança e músicas. O mercado negro envolvendo os filmes de Bollywood cresceu, e só na virada do século puderam ser achados, com mais frequência, filmes de Mumbai vendidos legalmente nas lojas de Teerã e outras cidades.

Já nas repúblicas soviéticas, hoje ex-repúblicas, a importância do cinema indiano foi ainda maior. Entre 1954 e 1991, o povo das capitais das repúblicas da então União Soviética fazia fila para ver filmes indianos, que alimentaram o imaginário popular dos socialistas durante esse período. Vale lembrar que toda essa região não tinha acesso às produções de Hollywood, por razões políticas óbvias.

Durante o governo de Stalin, os filmes indianos praticamente não eram exibidos na União Soviética. Com sua morte, em 1953, o novo líder Khrushchev amenizou as restrições aos produtos estrangeiros e houve um renascimento multicultural no país. Em 1954, ocorreu o primeiro festival de cinema indiano em Moscou e outras cidades soviéticas, criando uma legião de adoradores dessas produções. O filme de abertura foi *Awaara* (1951), que já havia sido um grande sucesso na Índia. Os soviéticos se encantaram com a beleza das musas e da paisagem indianas, especialmente porque aqueles filmes ofereciam aos soviéticos a chance de saírem do extremo realismo recorrente no cinema local, indo para um mundo de sonhos, onde tudo é possível. Enquanto no cinema soviético as mulheres eram em geral trabalhadoras ou líderes políticas secas e frias, nos filmes de Bollywood elas eram doces, sensíveis, charmosas e atraentes.

Com a chegada dos anos 1970, a produção cinematográfica da União Soviética começou a se diversificar e focar também o entretenimento não ideológico, ao mesmo tempo que houve uma maior importação de filmes britânicos, franceses e até norte-americanos. Ainda assim, a popularidade do cinema indiano continuava em alta, com resenhas de seus filmes aparecendo constantemente nos jornais soviéticos. Levando-se em consideração que a União Soviética também condenava as cenas de intimidade sexual, o romance "certinho" dos filmes indianos era mais do que aprovado pela crítica e pelo público. A valorização da família e do bem-estar da comunidade, bem como o desprezo por aquilo que o dinheiro pode comprar e acarretar, também unia as duas culturas dentro das salas de cinema.

Com o fim da União Soviética, essa união quase umbilical entre os soviéticos e o cinema de Bollywood praticamente se rompeu. Mesmo com a facilidade de acesso aos filmes, em vídeo, DVD e, agora, na internet, as ex-repúblicas soviéticas parecem muito mais ávidas por consumir os produtos de Hollywood e se entregar às delícias do capitalismo, deixando apenas para um público mais velho e nostálgico a admiração pelos filmes indianos. Ainda assim, os *blockbusters* da Índia são invariavelmente exibidos na Rússia e em países vizinhos durante festivais de cinema.

Todos esses elementos têm atacado Bollywood; alguns deixando cicatrizes profundas, outros apenas arranhões. Considerando tudo que vi, ouvi e senti até então, pareceu-me ser o momento de investigar uma última questão: qual é o futuro, afinal, do cinema indiano? Esse é o tema a ser discutido no capítulo seguinte.

os últimos dias

Futuro à indiana

Chegando aos momentos finais de minha viagem exploratória a Bollywood, parecia impossível determinar o fato, a curiosidade ou o detalhe mais interessante descoberto durante uma jornada de quase vinte dias. Ficar sabendo que alguns atores e atrizes são considerados praticamente deuses foi tão fascinante quanto entender, por exemplo, o esquema de produção de tantos filmes, a importância da música para a trama, o peso da censura e a crise de roteiros pela qual Bollywood está passando.

No entanto, o que mais me surpreendeu naquele momento foi a percepção de que ainda havia tempo para novas descobertas, igualmente fascinantes. E uma delas tem relação com o fato de que todos os elos envolvidos na cadeia cinematográfica indiana refletem constantemente sobre os rumos que a indústria vem tomando nos últimos anos e se preocupam em imaginar quais serão as mudanças mais profundas que acontecerão em Bollywood neste novo século que começou há pouco.

E, mesmo com o avanço da indústria televisiva, da pirataria e do interesse das distribuidoras estrangeiras em aumentar a participação no mercado local, as reflexões sobre o futuro não sempre pessimistas. "Antigamente, produzíamos um filme e precisávamos encher metade de todas as salas de exibição na primeira semana, senão ele entraria em colapso e não seria mantido em cartaz. Em outras palavras, tínhamos de juntar cerca de quinhentas pessoas por sessão para conseguirmos dinheiro suficiente para um próximo projeto, e então ter a possibilidade de lançá-lo com força maior. Sinceramente, gostaria de ter 25 anos hoje, porque acho que minha carreira teria bem menos obstáculos", confidenciou-me o veterano diretor Shyam Benegal, que também associa o avanço que vem ocorrendo ao surgimento do mercado de DVDs. "Diversas regiões da Índia que tentavam produzir cinema mas não tinham recursos ou força publicitária suficiente estão usando o DVD como forma de divulgação primária de seus trabalhos. Nos últimos quatro anos, tenho visto uma proliferação de comunidades produtoras de filmes localizadas bem longe de Mumbai ou Tamil, e isso é excelente. E, quando uma forma particular de fazer cinema atrai a atenção de cada vez mais gente, são grandes as chances de esse núcleo se tornar uma indústria nacional, podendo até se difundir pelo subcontinente asiático", assevera Benegal.

O mercado de DVDs também revolucionou a memória coletiva da sociedade em relação ao cinema indiano. Muitas produtoras estão relançando clássicos do passado e faturando bastante. Em 2004, por exemplo, *Sholay* (1975) foi relançado, sendo vendidos mais de duzentos mil exemplares em menos de doze meses. Esse mercado explodiu nos últimos anos. Em 2004, estimava-se que apenas 5% das casas indianas contavam com um aparelho de DVD, algo em torno de dez milhões de unidades. Alguns anos depois, esse número já pulou para 25 milhões de unidades, e pode dobrar antes mesmo do final da década. O DVD é um sucesso absoluto, apesar de enfrentar um mercado dominado pela pirataria e com constantes embargos por parte da Federação de Cinema da Índia, que ainda acredita que o mercado de DVDs, se encorajado, pode acabar com as salas de cinema. No país que é o maior produtor cinematográfico do mundo, há habitantes de algumas partes da região Norte que só conhecem filmes por meio de DVDs – um paradoxo –, já que muitos cinemas foram fechados por insurgentes por exibirem apenas filmes em híndi, algumas décadas atrás.

O presidente da Mukta Arts, Subash Ghai, compartilha do otimismo de Shyam Benegal, especialmente no que diz respeito à produção de filmes: "A proliferação das salas multiplex tem um aspecto muito positivo a meu ver. Ela permite que os produtores contratem bons atores e roteiristas vindos de escolas de cinema por um preço razoável, pois a logística dessas salas não exige um retorno financeiro tão grande quanto o sistema antigo exigia, quando só com a presença dos astros nos filmes garantia-se um lucro razoável".

Nem todos, porém, são tão otimistas quanto à chegada dos DVDs ao mercado. Em entrevista ao escritor Mihir Bose, o ator Rakesh Roshan falou sobre essa intensa fase de transição na qual o cinema indiano está atualmente mergulhado: "Estamos vivendo um momento crucial. As tendências estão mudando, o público está diferente. Temos uma audiência de salas multiplex e ela é bem diferente daquela dos grandes teatros. Tudo mudou e em grande parte por causa da pirataria. Os anos 1980 quase mataram o cinema indiano. Enquanto hoje se deve lançar um filme em quinhentas ou mil salas, antigamente controlava-se o lançamento de modo a instigar o apetite do público. Hoje é preciso lançar um filme no maior número possível de salas para combater os DVDs e o vídeo pirata".

O escritor Derek Bose acredita que o momento de se pensar sobre os rumos do cinema indiano é agora, pois há muitas décadas não se via uma transição tão forte no país. "Bollywood está testando tudo e todos neste exato momento. Embora 90% da produção seja medíocre, barata e desestimulante intelectualmente, dinheiro não é o problema para o cinema na Índia. Em outras palavras, nós podemos fazer qualquer mudança que quisermos, mesmo com algumas perseguições políticas", comenta o escritor, que admite que essas mudanças podem não ser tão rápidas assim, levando-se em consideração que Bollywood foi reconhecida como indústria apenas no ano 2000. "Ou seja, o caos e anarquia da produção, financiada pelo dinheiro sujo, ainda são fatores muito recentes em nossa indústria", diz.

Intelectuais como Benegal e Bose não descartam a hipótese de que ocorram mudanças drásticas na temática bollywoodiana em curto prazo. "Existem muitos filmes de orçamento considerável que não apresentam mais um final propriamente feliz. Isso não significa que veremos beijos na boca e cenas de sexo em *blockbusters* em questão de alguns anos. Acho que esse tipo de cena levará mais tempo para aparecer", afirma Derek Bose.

Ou seja, o pesquisador acredita já haver elementos suficientes mostrando que o espectador indiano está aberto a novos conceitos. Segundo ele, desde o início dos anos 1990 começaram a surgir filmes nos quais o herói também tinha algumas características de vilão, um toque de humanismo até então inaceitável nesse tipo de produção, já que os heróis eram considerados nobres de bom coração e infalíveis em seus atos e julgamentos. Os heróis já podem até ter traços cômicos bastante fortes, como no caso do filme *Taare Zameen Par* (2007), em que Aamir Khan aparece em algumas sequências vestido de palhaço. "Outro elemento novo é a influência da mulher na hora da compra dos ingressos. Hoje, com milhões de famílias ascendendo às classes média e alta, é cada vez maior o poder de decisão da mãe de família no momento de levar os filhos e o marido para o cinema. É por isso que os cineastas investem cada vez mais na imagem do astro e em sua importância na trama", contou-me Derek Bose.

Enquanto houve avanços no universo interpretativo dos atores, para as mulheres a situação não mudou, e talvez tenha ficado ainda mais dramática. Considerada uma das mais belas atrizes de Bollywood, Kareena Kapoor disse a Mihir Bose o que acha desse momento de transição do cinema, segundo a óptica feminina: "É uma indústria dominada pelos homens, portanto eles recebem maior atenção por parte dos diretores. Para ser uma atriz principal, ser bela não é suficiente. Para ser uma lenda, a atriz precisa de uma atuação marcante, muita naturalidade e, claro, uma beleza estonteante. É preciso haver muita massala, muita mistura. E a muitas atrizes falta alguma coisa; se têm uma, falta-lhe outra".

Como Derek Bose disse, ainda há muita resistência, inclusive dos atores, com relação a certos avanços, como a inclusão de cenas de beijo. O sistema de financiamento em Bollywood pode estar mudando rápido, mas o conteúdo sexual apresentado está bem longe de chegar ao estágio de liberdade que existe no Ocidente. "Eu nunca participei de nenhum filme com beijo e não pretendo fazer isso em nenhum momento da minha carreira. É inapropriado. Meus filmes são para a família. Não faço longas polêmicos porque as pessoas querem entretenimento. Que tipos de filme eu faço? Só filmes de entretenimento. Acho que o que vai mudar de fato é o número de canções por filme, que declinou e vai continuar declinando a cada ano", declarou o ator Rakesh Roshan ao escritor Mihir Bose.

Ao mesmo tempo, Derek Bose faz duras críticas à falta de interesse dos grandes produtores pelas riquezas culturais indianas: "Nós temos uma cultura tão rica, tão antiga, e os diretores e produtores não estão explorando esse aspecto, ou fazem isso muito mal em Bollywood, deixando para os cineastas estrangeiros a missão de levar para as telas nossa mitologia e nossas particularidades sociais".

Como já foi dito, uma das razões pelas quais o diretor executivo da Reliance, Amit Khanna, aceitou se encontrar conosco em Mumbai foi o fato de sua empresa ter grande interesse no mercado brasileiro de entretenimento. Isso porque Khanna vê uma semelhança grande entre a Índia e o Brasil no que diz respeito ao mercado consumidor. "No ano de 2020, mais da metade da população da Índia ainda terá menos de 30 anos – é um mercado imenso a ser explorado –, ao passo que a China está envelhecendo rapidamente. Vejo com grande interesse o mercado brasileiro porque me parece que sua situação é semelhante à de meu país", comentou o empresário.

Em outras palavras, pelo menos quanto ao aspecto econômico as perspectivas são boas, pois a Índia ainda deverá contar com um grande mercado consumidor de filmes e séries de TV durante muito tempo. Se esse crescimento interno continuar ao longo dos próximos anos, milhões de indianos ascenderão às classes média e alta e chegarão lá com sede de novidades, de entretenimento, de cultura. E Bollywood está ansiosa para receber esse novo público consumidor. Porém, segundo o então diretor da Whistling Woods International, Kurt Inderbitzin, "com o crescimento econômico do país e o acesso a filmes de arte do mundo inteiro, as classes mais altas vão querer produtos locais mais sofisticados, então o dramalhão bollywoodiano ficará para trás ou será visto como algo exótico". "Muitos americanos, como eu, estão vindo para cá por conta dessa fantástica transição pela qual o cinema indiano está passando. Eu mesmo nunca imaginei que empresas como a Sony e a Warner fossem agir tão rápido para dar início à produção de filmes locais na Índia."

Empresários de Bollywood já estão se movimentando para aproveitar não somente as oportunidades trazidas pelo crescimento econômico, mas também pelo avanço tecnológico. Um exemplo é o mercado de telefonia móvel. Algumas pesquisas indicam que o número de downloads de clipes, *ringtones*, papéis de parede e músicas de Bollywood feitos por meio do celular tem crescido 80% ao ano desde o início do século XXI. Apenas para citar um exemplo, durante o lançamento do filme *Veer-Zaara* (2004), o produtor e diretor Yash Chopra usou a voz dos protagonistas, Shahrukh Khan e Preity Zinta, para responder a chamadas feitas para um número específico. Isso resultou em quatrocentas mil ligações num único dia. No mesmo ano, o produtor Ashutosh Gowariker enviou duzentas mil mensagens de celular para promover o filme *Swades: We, the People*, pedindo que o público respondesse à questão "O que você faria pelo seu país?" Os autores das melhores respostas teriam como prêmio um encontro com as estrelas do filme. Assim, o mundo da telefonia celular está revolucionando Bollywood. Os indianos já estão plenamente acostumados a comprar ingressos pelo celular, recebendo clipes e informações sobre seus filmes prediletos.

Estimativas de grupos como Pricewaterhouse Coopers, KPMG e Yes Bank dão conta de que, se a taxa de crescimento da indústria do entretenimento indiana se mantiver nesse ritmo, ela poderá passar dos 4,5 bilhões de dólares de 2005 para mais de dez bilhões de dólares em 2010. Bollywood concentra quase 30% desse faturamento, número inferior apenas à incrível escalada da indústria televisiva, que pode atingir o dobro dessa fatia de mercado. É evidente que tal crescimento deixa de fora a grande maioria da população indiana, cerca de oitocentos milhões de pessoas que ainda não têm acesso nem à água potável, quanto mais ao entretenimento, um luxo que passa bem longe de suas aspirações. Se bem que nem tão longe assim, já que alguns estudos indicam que cerca de trinta milhões de indianos têm sido promovidos à classe média a cada ano desde 2005, sendo eles os responsáveis pelo *boom* do entretenimento na Índia. Se o país conseguisse resolver um problema antigo – o acesso às zonas rurais mais afastadas das grandes cidades –, poderia atingir um mercado extra de mais de 128 milhões de famílias. Contudo, mesmo não tendo resolvido essa situação, hoje a Índia está entre as cinco economias mais fortes do mundo, e especialistas dizem que é apenas uma questão de tempo até que ela se torne o maior mercado de entretenimento do planeta, ultrapassando a China. Trata-se de um país cuja venda de televisores aumenta 25% a cada ano, sendo o quinto maior mercado desses aparelhos, apesar de o primeiro canal de TV privado ter surgido há menos de duas décadas. Shyam Benegal acredita, inclusive, que, se a televisão tivesse surgido mais cedo no país, Bollywood não teria todo o impacto que tem hoje na sociedade, já que a TV atribuiu um peso muito grande ao cinema nos seus primeiros anos, uma consequência do fato de Bollywood estar vivendo um momento bastante positivo desde os anos 1980.

Mas nem todos os chefões de Bollywood estão animados com a ascensão de uma multidão à classe média. Segundo alguns produtores e empresários, isso pode ter também um efeito negativo para a indústria do entretenimento. Como já foi falado, o que garante ao cinema indiano o título de maior produtor de filmes do mundo é, entre outras coisas, o fato de o ingresso ser muito barato, em algumas regiões mais barato que a alimentação. Ao longo do século XX, esse sempre foi um forte atrativo para milhões de desempregados ou subempregados, que podiam se divertir sem gastar quase nada. Com a ascensão dessas pessoas e seus familiares às classes mais altas, o ócio será substituído pelo trabalho, e os números tão fascinantes do cinema indiano podem perder um pouco do brilho.

Há outros elementos muito significativos que podem tirar de Bollywood o título de maior indústria de cinema do mundo. Um deles é a tendência dos grandes atores de se limitarem a fazer um filme por vez, assim como em Hollywood. Foi-se o tempo em que eles rodavam um filme de manhã e outro à tarde. Tal perspectiva vem se difundindo inclusive entre atores não muito conhecidos. Isso por conta de mais um elemento de transição. Com o reconhecimento de Bollywood como indústria a partir de 2000, sindicatos da classe artística começaram a se organizar, pedindo a regularização profissional da categoria.

Um exemplo notório dessa mudança de comportamento dos atores aconteceu em agosto de 1999. Numa tarde qualquer no sul de Mumbai, o ator Aamir Khan se encontrou com um grupo de pessoas para conversarem sobre seu próximo filme. Naquela tarde aparentemente comum, o até então pouco conhecido Aamir Khan ditou as novas "regras" dos filmes em que atuaria e que dirigiria e produziria: participaria da produção, não permitiria que a equipe trabalhasse em outro projeto ao mesmo tempo e faria a captura do som no set de filmagem, eliminando aquelas dublagens sem graça em estúdio. Surgiria, dois anos depois, o filme *Lagaan* (2001), que se tornou um dos maiores sucessos indianos dos últimos tempos, sendo indicado ao Oscar de melhor filme estrangeiro. "Nós rodávamos de três a quatro filmes de uma só vez, alguns dias em jornada dupla. Eu já acordei às sete da manhã para trabalhar em um filme e às duas da tarde tinha de trabalhar em outro. Era um trabalho árduo, a gente ia de um estúdio para outro. Hoje isso não existe mais, em parte por causa do trânsito. Atualmente, só faz dois filmes por dia quem tem um helicóptero", afirmou o ator Rakesh Roshan.

O reconhecimento como indústria também está varrendo do mapa aquela figura do detentor de dinheiro sujo que chegava à sala de cinema com uma mala cheia de cédulas e obrigava os diretores a incluírem alguma cena sensual ou de estupro em troca do dinheiro para a produção do filme. Hoje, com empresas como Mukta Arts e Yash Raj Studios investindo seu capital, a presença desse tipo de dinheiro e de empresário tornou-se dispensável, e tais elementos estão desaparecendo das médias e grandes produções. Mas é claro que ainda existem pequenas produções cuja única fonte de renda é o fornecedor de dinheiro sujo, embora muitos desses filmes nem cheguem a ser finalizados, um forte indicativo de que o cinema indiano pode produzir mais que mil títulos por ano.

Outra preocupação dos produtores de Bollywood tem relação com o mercado internacional, especialmente aquele formado pelas comunidades indianas vivendo em países como Estados Unidos, Inglaterra e Alemanha. Até pouco tempo atrás, a venda de DVDs de Bollywood nesses mercados era considerada alta, e isso se devia a essas comunidades. O temor que alguns produtores sentem atualmente é o de que esses números despenquem nas próximas gerações. Isso porque o consumo de filmes indianos pelos expatriados (primeira geração) era uma forma nostálgica de se conectar com o país de origem. A partir da terceira e quarta gerações, essa conexão começa a diminuir e chega a desaparecer, já que elas estão adaptadas à cultura local. Muitos representantes das gerações mais novas já estão, inclusive, começando a ver Bollywood como um mercado exótico, tachando os filmes de repetitivos, capazes apenas de oferecer músicas e dramas familiares. Algo semelhante aconteceu com o cinema italiano nos Estados Unidos no final do século XX. Outrora muito popular, a bilheteria desse tipo de cinema despencou, justamente porque as novas gerações já se consideram norte-americanas, e não se identificam tanto com aquela cultura. Ainda assim, não se trata de uma tragédia que acontecerá amanhã. A quantidade de indianos vivendo no exterior ultrapassa facilmente os vinte milhões, que ainda correspondem a uma fatia considerável dos lucros dos filmes. Mesmo quando algumas produções se tornam um fracasso de bilheteria na Índia, podem se tornar rentáveis no mercado externo. Foi o caso de *Swades: We, the People* (2004) e *Paheli* (2005), filmes protagonizados por Shahrukh Khan, que faturaram muito mais fora do país, graças a um público ainda nostálgico por produtos e personalidades de sua terra natal.

Se as novas gerações que vivem fora do país rejeitam o cinema indiano, os mais jovens moradores da Índia estão questionando cada vez mais os padrões temáticos que Bollywood insiste em manter. Cenas de cabaré, irmãos que se encontram após uma vida inteira separados, danças sem beijo, tudo isso tem sido criticado não só pelos cineastas mas também pelo público, já cansado de tantos clichês.

Cena do filme *Kabul Express* (2006), dirigido por Kabir Khan.
Foto: Divulgação

Muitos acreditam que, no século XXI, algumas excentricidades de Bollywood serão eliminadas e a indústria se profissionalizará, como Hollywood. Com o reconhecimento dessa indústria pelo governo indiano, algumas mudanças já são bastante visíveis, como a maior mobilidade profissional, já que certos atores têm rapidamente se tornado produtores de seus filmes, alguns donos de laboratórios de edição estão entrando no mercado da exibição e distribuidores estão abocanhando o mercado da produção.

Como consequência desses fatos, a era dos estúdios parece estar mesmo renascendo em Bollywood. Os maiores produtores estão implementando estratégias de marketing em nível nacional, e não mais regional, mesmo com as diferentes línguas e culturas internas; a lei agora é vender, ser visto, cruzar fronteiras. No início do século XXI, cerca de três filmes bollywoodianos eram lançados semanalmente nos cinemas da região de Mumbai, mas apenas um – no máximo dois – chegava a ser lançado no país inteiro. Hoje isso mudou completamente, graças, em parte, a uma nova estratégia de venda. Sabendo que 56% dos ingressos vendidos na Índia são destinados a um público na faixa etária que vai dos 15 aos 30 anos, os produtores passaram a empreender intensas ações promocionais em colégios, casas noturnas e bares – todo esse esforço é empregado para que o filme sobreviva míseras três semanas nas salas de cinema e não seja ofuscado pela próxima estreia.

Ficar três semanas em cartaz já faz do filme um sucesso na Índia. Situação bem diferente da que se via na metade do século XX, quando os filmes de maior bilheteria ficavam 25 semanas em cartaz (jubileu de prata) e até cinquenta semanas em alguns casos (jubileu de ouro). Hoje, esse feito dificilmente é conquistado por uma produção.

Outra fonte de otimismo está ligada aos dados que indicam o gasto médio do indiano com cinema. Até o final do século XX, um adulto costumava gastar menos que duas rupias por ano com cinema. Esse número deve aumentar em 50% até o final de 2010. Ainda assim, trata-se de um valor insignificante - algo em torno de seis centavos de dólar –, se bem que é preciso levar em consideração toda a população indiana, inclusive os oitocentos milhões de indivíduos que ainda estão fora do mercado consumidor. Isso significa que, com o crescimento econômico do país, esse valor pode dobrar diversas vezes nos próximos anos, levando o lucro da indústria do entretenimento a patamares nunca imaginados.

Tais mudanças, no entanto, podem ser mais demoradas do que se imagina. Especialistas como Derek Bose veem até uma razão psicológica para isso. Segundo ele, a sociedade indiana ainda é muito temerosa com relação a mudanças. Existe um mercado interno em plena expansão, mas os produtores têm muito medo de arriscar, de mudar. Ironicamente, segundo Bose, quando um indiano se encontra em solo estrangeiro, seu "instinto de sobrevivência" aflora e ele faz qualquer tipo de mudança para se manter competitivo no mercado. Isso pode ser percebido facilmente em cidades como Nova York e Londres, onde o número de indianos em cargos de alta rentabilidade é altíssimo.

Embora esses emigrantes tendam a perder seu laço com o país natal, graças a eles Bollywood tem conseguido expandir seus tentáculos, alcançando o mundo inteiro. Já no início do século XX, países como Grécia, Coreia do Sul e Marrocos se tornaram consumidores de filmes indianos. E, segundo as palavras de Amit Khanna, o próximo passo seria conquistar a América Latina, um dos poucos mercados em que nomes como o de Amitabh Bachchan ainda são desconhecidos pela população. Se nos anos 1950 o cinema indiano conquistou a Europa, incluindo a ex-União Soviética, e os Estados Unidos, hoje Shahrukh Khan e Amitabh Bachchan são considerados os embaixadores de Bollywood no mundo, marcando presença em festivais como o de Veneza, o de Berlim e o Oscar sempre que um filme indiano recebe alguma indicação. Além disso, Bollywood está começando a realizar filmagens em territórios mais distantes, indo para lugares como Japão (Tóquio), África e até América Latina, como no caso de *Dhoom:2* (2006), filmado no Rio de Janeiro.

Mesmo assim, ainda há um longo caminho para que Bollywood atinja o grau de estrelato de Hollywood. E isso tem a ver com a crise de roteiros já mencionada e a persistência dos produtores em copiar descaradamente clássicos ocidentais. De *O Poderoso Chefão* a *Harry Potter*, tudo é reciclado em Bollywood, que perde a preciosa chance de criar suas próprias histórias. Na verdade, nem precisa criar: basta olhar para a própria cultura. A Índia precisou que um diretor britânico (Richard Attenborough) tomasse a iniciativa de contar a história de seu maior ícone para assistir à filmagem de *Gandhi* (1982). O diretor

Filmagem de *Dhoom:2* (2006), dirigido por Sanjay Gadhvi, na praia de Copacabana, Rio de Janeiro.
Foto: Divulgação

nem cogitou a escalação de um ator indiano para o papel principal, já que o país ainda não contava com estrelas mundiais, tendo escolhido o também britânico Ben Kingsley. Em outras palavras, enquanto Shahrukh Khan e Amitabh Bachchan não se tornarem estrelas mundiais – com reconhecimento no Ocidente, podendo, inclusive, atuar no cinema ocidental –, Bollywood não constituirá uma ameaça financeira a Hollywood.

Sobre essa questão temática, Bose alega não haver razão alguma que justifique a inexistência de um longa épico sobre o *Mahabharata* com a mesma grandeza de filmes como *Troia* (2004) e capacidade para atingir um público internacional, porém feito na Índia, e critica o fato de poucos diretores pensarem em fazer filmes visando especificamente a uma carreira internacional, já que tecnologia e dinheiro não faltam no país. Bose critica também a ausência de estúdios na Índia que consigam oferecer aos produtores estrangeiros serviços referentes a toda a cadeia de produção cinematográfica, uma vez que têm nível internacional apenas as áreas de animação e efeitos especiais.

Tudo que foi dito sobre os astros vale também para quem fica atrás das câmeras. Para que Bollywood ganhe força e se internacionalize de fato, precisa organizar sua equipe de produção, já que até hoje alguns produtores ou diretores são também roteiristas e se envolvem em questões financeiras e burocráticas dos filmes, ao passo que em Hollywood há um profissional para cada função específica.

No entanto, mesmo sem resolver nenhum desses problemas, a Índia está se tornando rapidamente o principal destino dos produtores internacionais. Com cerca de 2,5 milhões de trabalhadores na área, que ganham salários baixíssimos em comparação com os padrões mundiais, a diferença entre produzir um filme na Índia e nos Estados Unidos pode ser de 1.000%.

Mas o barato pode sair caro demais. Apesar de contar com uma paisagem natural belíssima, uma rica cultura e mão de obra barata, nenhum *blockbuster* de Hollywood foi filmado na Índia depois de *Gandhi* (1982). O país perdeu o posto para Austrália (*Matrix*, 1999), Indonésia (*Anaconda*, 1997), China (*Kill Bill*, volumes 1 e 2, 2003 e 2004) e Malásia (*Armadilha*, 1999). As razões para que isso ocorresse? Multidões que dificultam a locomoção e a filmagem, hotéis com total falta de higiene, sérios problemas logísticos relacionados ao transporte de equipamentos, uma burocracia gigantesca e uma população que quase não entende inglês, embora o país tenha sido colonizado pela Grã-Bretanha. O governo indiano se deu conta dos danos que esses entraves causaram ao país nas últimas décadas e vem empreendendo ações para facilitar o trabalho de equipes estrangeiras. Mas ainda levará anos para que a imagem do país mude perante a comunidade cinematográfica mundial.

Em relação a essas dificuldades, a mais grave talvez seja a questão do transporte. Com um trânsito caótico, em que carros, riquixás, pedestres, motos e vacas dividem o mesmo espaço, a situação torna-se ainda mais grave porque persiste o hábito indiano de não identificar todas as ruas, de modo que praticamente nenhum motorista de riquixá sabe ao certo como chegar ao destino, mesmo quando se trata de um local comercialmente conhecido. Agravando ainda mais a situação, poucos são os motoristas e transeuntes que entendem o inglês, principalmente quando falado por turistas cuja língua materna é distinta desse idioma.

Outro problema a ser mencionado diz respeito ao fato de que os grandes astros não contam com uma boa assessoria de imagem, embora alguns deles estejam começando a procurar profissionais mais qualificados para o cargo. Como mencionei, tentei diariamente marcar uma entrevista com o astro Aamir Khan, tratando a questão com sua assessora, mas ela, talvez por receio ou desinteresse, não levou meu pedido adiante. Isso não acontece apenas com estrangeiros: o escritor Mihir Bose, nascido e criado em Mumbai, levou meses para conseguir marcar uma entrevista com o astro televisivo Karan Johar, tentando o contato por intermédio de sua assessora, uma mocinha muito inexperiente. Curiosamente, seu escritório é localizado num subúrbio de Mumbai que há poucos anos era apenas um imenso matagal. Hoje, levam-se horas para chegar ao local, tamanha a densidade demográfica. Na entrevista dada a Mihir Bose, Johar explicou, entre outras coisas, por que os diretores indianos não investem em filmes históricos, deixando para diretores como Attenborough a tarefa de contar a história de Gandhi, por exemplo. Segundo Johar, a explicação é simples: na Índia, qualquer filme sobre uma personalidade histórica fica professoral demais, e o público não está interessado em documentários, mas em entretenimento. Levando isso em consideração, pode-se entender por que os produtores não investem nesse segmento: eles têm medo de investir seu dinheiro em um produto tão arriscado.

Nesse período de transição do cinema indiano, existe algo que nos une a essa indústria tão ímpar e distante: a relação econômica com o governo federal. Lá também são grandes as críticas a respeito da tributação do cinema nacional. Shyam Benegal reclama de algo que no Brasil conhecemos muito bem: "Em algumas regiões da Índia, as taxas correspondem a quase 150% do valor do ingresso. Isso é um absurdo. Mas ninguém se importa de pagar taxas ao governo caso haja algum retorno para a indústria. O problema é que, além de o sistema de taxação ser problemático, o último a correr riscos na cadeia cinematográfica é o primeiro a receber o dinheiro, ou seja, o governo, seguido pelo exibidor".

Outra grande transformação que vem acontecendo neste novo milênio tem a ver com o relacionamento entre Bollywood e o cinema dos Estados Unidos, que, para alguns estudiosos, sofreu uma mudança profunda. Existem dois sentimentos bastante fortes na população indiana hoje em dia. O primeiro é a vontade de ser como os norte-americanos e, principalmente, de ser levado por eles, de viver nos Estados Unidos. Pronob Roy, famoso apresentador de TV da Índia, disse certa vez: "Fique longe, América, mas leve-nos com você". Ou seja, existe um sentimento generalizado de admiração pelo "desenvolvimento" dos Estados Unidos, porém a primeira parte da frase de Roy indica outro sentimento igualmente forte entre os indianos, quase oposto ao primeiro. Como o mundo cinematográfico indiano sempre foi bastante influenciado pelas ideias esquerdistas – até mesmo pelo comunismo, bastando dizer que Bachchan começou sua carreira com o auxílio de produtores comunistas –, na Índia ainda é bastante forte o sentimento antiamericano, no sentido de que grande parte da população (e dos produtores e diretores) tem a convicção de que os norte-americanos só pensam neles mesmos e querem dominar o mundo. Ao fazerem a conexão deste sentimento com o primeiro, imaginam o seguinte: se as oportunidades estão nos Estados Unidos, por que não emigrar para lá? Essa é a razão pela qual muitos indianos migram para os Estados Unidos, apesar de nutrirem um sentimento antiamericano significativo. Em suma, a mudança que se percebe neste novo milênio tem a ver com uma relativização desses sentimentos, ou seja, Bollywood está se dando conta de que, para crescer e evoluir – principalmente por meio de coproduções –, não se pode ser entreguista nem xenófobo. O meio-termo é a melhor saída nos dias de hoje.

O relacionamento entre hindus e muçulmanos também tem sofrido grandes mudanças nos últimos anos, e isso tende a se refletir na indústria cinematográfica. Para que essas alterações sejam entendidas, é preciso compreender o próprio crescimento da cidade de Mumbai. Durante anos, parte de sua força econômica adveio do tráfico de ouro do Oriente Médio para a Ásia. Posteriormente, o crescimento apoiou-se na especulação mobiliária e, a partir de 1970, no cinema, a última fronteira, um meio totalmente desorganizado e sem uma legislação específica naquele momento. Aplicar dinheiro sujo na produção e exportação de filmes era uma maneira de lavá-lo e ainda mandá-lo para o exterior. Essa prática só se tornou menos frequente quando ataques terroristas envolvendo esse tipo de criminoso começaram a se espalhar pela cidade, estimulando uma ação do governo. O ápice dessa crise foi em dezembro de 1992, com o fim das relações entre hindus e muçulmanos, após a máfia hindu ter demolido uma mesquita sob a alegação de que ali havia um templo de Ram que fora destruído por líderes muçulmanos medievais. O ataque gerou uma onda de violência sem precedentes em Mumbai, entre 6 e 13 de janeiro do ano seguinte, com bombas caindo em várias regiões e prédios comerciais da cidade.

Apesar desse massacre inesquecível para os dois lados, o que se pôde notar em Mumbai foi uma melhora no relacionamento entre hindus e muçulmanos ao longo dos últimos anos. E os astros de Bollywood tiveram certa participação nisso. Tanto a primeira quanto a segunda esposa de Aamir Khan são hindus, e ele muçulmano, vindo de uma família bastante conservadora. O mesmo vale para Shahrukh Khan e Salman Khan, que também não mudaram seu nome em função da profissão, algo impensável no passado, quando a tensão entre os dois lados era maior e Bollywood raramente aceitava atores com ascendência muçulmana explícita – em geral os nomes eram alterados para que não aparecessem nos créditos dos filmes.

Shyam Benegal afirma que o recente abrandamento das relações entre hindus e muçulmanos tem a ver também com a própria filosofia do hinduísmo. De acordo com ela, o hindu não deve rejeitar outras crenças, "ao contrário do que acontece com outras religiões". Essa é a razão que explica por que a Índia é um país majoritariamente hindu, mas não necessariamente com um comportamento majoritariamente hindu. Segundo Benegal, essa lógica funciona da seguinte maneira: grande parte dos hinduístas vem assumindo uma postura de abertura ideológica e aceitação do pluralismo, contanto que ninguém diga a um hindu que há algo de errado com ele ou com suas crenças.

Surgimento do mercado de DVDs, crescimento das salas multiplex, mudança no relacionamento com norte-americanos, relações com muçulmanos, novidades temáticas. Com todas essas inovações, tudo indica que Bollywood está passando pela maior transição de sua história. E o escritor Mihir Bose (2006) resumiu bem esse novo espírito reinante no cinema mais famoso da Índia: "A força de Bollywood reside em sua habilidade de mudar e se adaptar. Dessa forma sobreviveu à chegada da televisão, sendo que Amitabh, a maior estrela do cinema, usou a TV para se reinventar. Bollywood também sobreviveu à pirataria, à máfia de Mumbai e ao uso de dinheiro sujo na produção de filmes. Ela está constantemente produzindo novos mitos, ou renovando antigos. Bollywood será sempre capaz de se reinventar. Ela é o mais perfeito exemplo de uso de tecnologia ocidental num estilo completamente indiano".

Essa adaptabilidade de Bollywood tem muito a ver com os próprios indianos, fanáticos pelo cinema local de ponta a ponta do país. Igualmente grande é o fanatismo da mídia, a ponto de o jornal de maior vendagem do país, *The Times of India*, usar títulos de filmes de Bollywood para analisar questões econômicas e governamentais, por exemplo.

A crítica cinematográfica também está envolvida nessa adaptabilidade de Bollywood. No passado, jornais como *The Hindu*, *The Indian Express* e o próprio *The Times of India* não publicavam críticas de filmes populares. O mesmo acontecia com revistas como *Filmfare* e *Cineblitz*, que enfocavam a vida de celebridades e as fofocas sobre elas. Hoje, esses veículos não ignoram um *blockbuster* de Bollywood. Com o acréscimo representado pelos sites especializados em cinema bollywoodiano, pode-se dizer que existe um farto cardápio jornalístico alimentando constantemente o imaginário popular com informações sobre a entidade cinematográfica mais poderosa do país.

O governo estimulou a mídia para que criasse premiações, as quais, a partir de 2000, tornaram-se eventos de grande popularidade. A revista *Filmfare* criou o Filmfare Awards, a principal premiação cinematográfica da Índia, que dedica especial atenção aos *blockbusters*. Há também o National Awards, criado pelo governo, que distribui prêmios entre os cinemas de diferentes regiões do país. Por fim, há o International Indian Film Academy Awards, evento em que o público internacional pode votar e que acontece a cada ano em um país diferente.

Como se vê, apesar de todas as ameaças e obstáculos apresentados no capítulo anterior, Bollywood encontra variados meios para manter sua força e até crescer internacionalmente. Não há dúvida de que, no futuro, o cinema indiano será bastante diferente, o que poderá ser visto após esse período de transição; no entanto, algo ficou bastante claro durante minha estada na Índia: Bollywood sobreviverá e encontrará os meios necessários para se adaptar às novas exigências de seu público dentro e fora da Índia.

Epílogo – Antes de os créditos subirem...

Sentado na desconfortável poltrona do avião que me levava de volta ao Brasil, comecei a refletir sobre os pontos mais marcantes dessa viagem pelo universo de Bollywood. Muitas cenas me vieram à cabeça, de filmes, entrevistados, aulas de dança e luta etc. No entanto, uma frase resumiu toda a minha experiência na Índia: "Independentemente do que o mundo pense de nós, somos uma indústria autossustentável. Reconhecemos nossos defeitos; porém, como nós há pouquíssimos no planeta".

Tal afirmação me foi feita, dessa e de outras formas, por diversos entrevistados, de escritores e diretores a alunos de atuação. Ela diz muito sobre o cinema indiano e também sobre o mundo cinematográfico como um todo. Em outras palavras, aquela população tem muito orgulho da indústria autossustentável que conseguiu construir e quer preservá-la, mas, ao mesmo tempo, reconhece suas limitações, seus defeitos. Do outro lado está o Ocidente, que até hoje vê com olhos preconceituosos o cinema de Bollywood. É muito comum que se ouçam em países da América Latina, por exemplo, comentários sobre os clichês, a pobreza temática e até brincadeiras pejorativas envolvendo o nome *Bollywood*, dando conta de que não se pode, em tese, levar a sério uma indústria cujo nome é uma cópia adaptada de outra indústria.

Mas nem os profissionais de Hollywood, a outra indústria autossustentável do cinema mundial, pensam mais dessa maneira. A prova disso é que eles estão investindo fortemente em coproduções Estados Unidos-Índia, instalando escritórios em Mumbai e levando grande quantidade de roteiristas, diretores e produtores para explorar o local e trabalhar *in loco*. Por que, então, nós brasileiros, latino-americanos, poderíamos fazer comentários preconceituosos sobre Bollywood? Será que nos esquecemos de que nossa indústria cinematográfica não existiria se não fosse pela mão amiga do governo, ou melhor, pelos impostos que pagamos?

Essa reflexão me veio à cabeça muitos meses depois da viagem à Índia, quando fui a Natal para fazer uma palestra sobre Bollywood a um público que misturava leigos e gente da área. Ouvi opiniões preconceituosas sobre o cinema da Índia de diretores e produtores brasileiros que achavam que aquela indústria era tão rasa quanto uma fábrica de pratos – com todo o respeito aos produtores de pratos. Essa é uma percepção muito ruim, pois nos impede de olhar para os vários aspectos positivos de Bollywood, que poderiam enriquecer nosso mundo cinematográfico de maneira considerável.

Que aspectos seriam esses? Em primeiro lugar, o apego que o indiano tem pelo produto de sua própria cultura, por filmes que mostram seu povo, seus hábitos, mesmo quando copia roteiros do exterior. A cultura e os hábitos do norte-americano, que tanto inspiram a sociedade latino-americana, teriam pouca adesão na Índia, simplesmente porque o indiano gosta de se ver nas telas, nas telinhas e nos monitores de celulares, além de se ouvir no rádio. Imagine o que aconteceria se essa fosse a regra aqui no Brasil, imagine qual seria a bilheteria de filmes nacionais de qualidade porém pouco vistos, muitas vezes porque o espectador brasileiro ainda tem dentro de si certo preconceito em relação ao cinema produzido no país. "É nacional? Então ou é baixaria ou é ruim mesmo." Quem nunca ouviu isso alguma vez na vida? Em segundo lugar, poderíamos aprender alguns macetes se conhecêssemos a logística de produção de um filme de Bollywood, já que muitas vezes é com poucos recursos que se sustenta uma produtora, ou seja, driblando os custos da produção mas entregando um produto que consegue ter retorno de bilheteria. Por fim, e não menos importante, temos a alta especialização do indiano nas áreas técnicas, como a mixagem, a edição de som, os efeitos especiais, a animação digital etc. Como vimos, não é à toa que muitos produtores reservam uma parte considerável de seu orçamento para, com o uso desses recursos técnicos, "maquiar" o filme no final do processo, disfarçando o aspecto de produto de baixo orçamento.

A percepção de que Hollywood vê com novos olhos o cinema indiano, contrapondo-se à persistência de preconceitos da crítica brasileira, intensificou-se ainda mais em minha mente com o surpreendente resultado do Oscar 2009. Na ocasião, o filme *Quem Quer ser Um Milionário?* (*Slumdog Milionaire,* 2008), dirigido pelo britânico Danny Boyle (*Trainspotting,* 1996) e pela indiana Loveleen Tandan, levou oito prêmios da Academia – grande parte deles nas principais indicações da noite, como melhor filme, direção, direção de arte, trilha sonora etc. O filme conta a história de um garoto de uma favela de Mumbai que, selecionado para um jogo de perguntas e respostas da TV, acaba ganhando uma fortuna graças às respostas baseadas na própria experiência de vida. Ao consagrá-lo como principal filme do ano – destronando grandes produções norte-americanas, como *O Curioso Caso de Benjamin Button* –, os membros votantes do Oscar mandaram uma clara mensagem, atraídos por roteiros que exploram não só a velha e conhecida pobreza do mundo subdesenvolvido, mas também culturas particulares, histórias originais, ritmos e cores pouco degustados nas telas de cinema dos Estados Unidos. Não se trata de um filme de Bollywood, mas é inevitável ver na película alguns elementos dessa indústria indiana, como a trilha sonora e as sequências de dança no final, embora a interpretação seja bastante distinta, mais ocidentalizada.

A crítica mundial também recebeu com fortes elogios o filme de Danny Boyle. Não foi uma unanimidade – como nada no cinema hoje em dia –, mas em geral os espectadores especializados apreciaram a criatividade temática (não tanto estética, importante dizer) do filme, que custou míseros quinze milhões de dólares e prometia, na época, faturar mais de dez vezes esse valor. No Brasil, parte da crítica voltou a torcer o nariz para Bollywood. Enquanto uns críticos o tacharam de filme com "forte inspiração" em *Cidade de Deus* (2001), de Fernando Meirelles, outros classificaram de mau gosto as músicas, a dança e as sequências na favela e no esgoto, soltando comentários do tipo "essa dita Bollywood" e "a tal Bollywood". Isso demonstra não só o preconceito comentado anteriormente, mas a falta de informação que nós latino-americanos ainda temos desse cinema tão complexo e único.

No entanto, isso não significa que Bollywood esteja anos-luz à frente do cinema que conhecemos e produzimos por aqui. A começar pelo fato de que um cinema que sofre censura diariamente não pode ser uma arte livre, contestadora e até, de certa forma, criativa. E não se trata da censura que experimentamos nos anos da ditadura militar, que até estimulou o desenvolvimento de um cinema contestador no Brasil. Trata-se de uma censura comportamental, que segue padrões pudicos, impedindo a população de ver nas telas aquilo que pratica cotidianamente entre quatro paredes, proibindo até que se exiba um simples beijo. E também não deixa que o cinema reflita sobre as relações políticas com os países vizinhos de forma ampla, ousada ou polêmica. Do mesmo modo, está ausente a reflexão sobre os dramas sociais que esse país de quase 1,3 bilhão de habitantes enfrenta todos os dias. Enquanto no Brasil temos tido um excesso de dramas sociais nos últimos anos (*Carandiru*, 2003; *Cidade de Deus*, 2002; *Era Uma Vez...*, 2008; *Última Parada 174*, 2008; *Linha de Passe*, 2008 etc.), em Bollywood peca-se pela ausência desse tipo de temática. Estariam ambos os cinemas atravessando uma fase específica? Pode até ser, mas não se pode ter um cinema completo se ele não refletir e propuser ideias sobre a vida da população de seu país. Dessa forma, esse seria um passo essencial para a indústria indiana.

Depois de mais de um ano de trabalho envolvendo esse universo tão exótico, não me resta nenhuma dúvida de que muito ainda se falará sobre Bollywood nos próximos anos. É uma unanimidade na Índia a percepção de que o cinema nacional está passando por sua maior fase de transição. Uma transição que está mudando a rotina e o perfil de produtores, diretores, atores e – por que não? – da própria população.

Há muito dinheiro em jogo nessa reconfiguração de Bollywood. Com o país crescendo a passos largos e a ascensão anual de milhões de indianos à classe média, é impossível ficar parado, apenas observando a trajetória desse trem que avança em alta velocidade. Isso justifica a atual invasão estrangeira em Mumbai, que está trazendo, além de profissionais da área, estudantes e turistas que não mais querem entrar em contato apenas com os deuses e monumentos históricos da Índia, mas também com uma indústria cinematográfica tão diferente daquela que conhecemos muito bem, localizada em Los Angeles, Estados Unidos.

De volta ao Brasil, não foi fácil retomar minha rotina. Afinal, durante quase vinte dias presenciei uma novidade atrás da outra, uma conjuntura ideal para alguém que trabalha com notícias e também com cinema. Acima de tudo, porém, Bollywood me fez perceber que é possível ser uma indústria bem diferente daquelas que já existem. É preciso apenas preservar suas unicidades, sendo essa mais uma tarefa desse mundo cinematográfico que não se cansa de surpreender seus espectadores, mesmo quando os créditos já estão subindo.

Bibliografia consultada

ANDREW, J. Dudley. *As principais teorias do cinema: uma introdução*. Rio de Janeiro: Jorge Zahar, 1976.

BERNARDET, Jean-Claude. *Cinema brasileiro: propostas para uma história*. Rio de Janeiro: Paz e Terra, 1979.

BOSE, Derek. *Bollywood unplugged – Deconstructing cinema in black & white*. Mumbai: Frog Books, 2004.

______. *Brand Bollywood: a new global entertainment order*. Nova Déli: Sage, 2006.

BOSE, Mihir. *Bollywood, a history*. Stroud: Tempus, 2006.

BOURDIEU, Pierre. *As regras da arte*. São Paulo: Companhia das Letras, 1996.

BRADLEY, Nicholas; ELLIOTT, Robert James. *Bollywood: behind the scenes, beyond the stars*. Singapura: Marshall Cavendish, 2006.

CASETTI, Francesco; DI CHIO, Federico. *Cómo analizar un film*. Buenos Aires: Paidós, 1991.

DWYER, Rachel. *100 Bollywood films*. Londres: BFI, 2005.

ESPINAL, Luis. *Consciência crítica diante do cinema*. São Paulo: Lic, 1976.

GOMES, Paulo Emílio Sales. *Cinema: trajetória do subdesenvolvimento*. São Paulo: Paz e Terra, 1996.

JOLLY, Gurbir; WADHWANI, Zenia; BARRETTO, Deborah. *Once upon a time in Bollywood: the global swing in Hindi cinema*. Toronto: Tsar Books, 2007.

KELLNER, Douglas. *A cultura da mídia – Estudos culturais: identidade e política entre o moderno e o pós-moderno*. Bauru: Edusc, 2001.

MANSCHOT, Johan; DE VOS, Marijke. *Behind the scenes of Hindi cinema*. Amsterdã: KIT, 2005.

RAMOS, Fernão (org.). *História do cinema brasileiro*. São Paulo: Art Editora, 1987.

MORIN, Edgar. *Cultura de massas no século XX: o espírito do tempo*. Rio de Janeiro: Forense, 1962.

XAVIER, Ismail. *Sétima Arte: um culto moderno*. São Paulo: Perspectiva, 1978.

IMPRESSO NA

sumago gráfica editorial ltda
rua itauna, 789 vila maria
02111-031 são paulo sp
telefax 11 **2955 5636**
sumago@terra.com.br